Otro día en Santiago de Chile

Somos nuestra historia

Julio Duarte Garcés

ISBN: 9798665870014

A Catalina, mi hija, para que aprendas algo por mí si te llego a faltar.

Capítulo 0

Hablar de Santiago en diferentes épocas es hablar de diferentes ciudades. Los límites en su fundación por el año 1541, iban desde el río Mapocho por el norte hasta la Alameda (La cañada) por el sur, y desde el cerro Santa Lucía hasta Teatinos. Más de 300 años después no habían variado mucho. Benjamín Vicuña Mackenna en 1857 los enmarcaba de norte a sur entre el río Mapocho y avenida 10 de Julio (con otro nombre en la época) y de este a oeste desde el cerro Santa Lucia hasta la calle Almirante Barroso, considerando zonas suburbanas tanto Yungay al noroeste como la Chimba al norte. Hacia 1872 la ciudad abarcaba desde el matadero por el sur (sector Franklin), el Cementerio General por el norte, y desde el seminario conciliar ubicado entre las actuales estaciones Baquedano y Salvador del Metro por el este, hasta la Quinta Normal de Agricultura por el oeste. En toda época las zonas aledañas se componían de chacras y haciendas.

Con respecto a la población, en 1778 la ciudad contaba con 24.318 habitantes aumentando hacia 1835 a 97.786. En 1854 ya alcanzaban 129.639, mientras que para 1885 casi se duplicaba con 236.870 personas.

La ciudad comenzó a expandirse más rápidamente desde fines del 1800 y sobre todo en la primera mitad del 1900. La causa fue la importante migración del campo a la ciudad y la transformación de las diferentes haciendas y chacras en loteos destinados a establecer villas, lo que generó la creación de nuevas comunas como se vio en el libro anterior.

Hacia 1930 el límite urbano de la ciudad llegaba por el norte hasta la altura del actual metro Cementerios en Recoleta, por el sur hasta el Zanjón de la Aguada en el paradero 1 de Gran Avenida, por el oeste el sector de la Quinta Normal hasta la altura de Velázquez, al norte de San Pablo se extendía hasta el cerro Navia, mientras que por el este llegaba aproximadamente hasta donde hoy se encuentra la avenida Los Leones. La población alcanzaba cerca de 700.000 personas. Ya en 1952 la población de la ciudad casi se duplicaba con 1.353.400 habitantes llegando en 1992 a 4.679.900.

Los últimos sectores en incorporarse a la conurbación que forma "el gran Santiago", término utilizado para diferenciarlo de la antigua ciudad, fueron Puente Alto, que se acopló recién en los años 1994-1995 cuando se conecta el área urbana por el sector cordillerano con La Florida; y Quilicura que si bien, nunca ha tenido una real conexión con el resto de la ciudad a estar separada por las (hoy) autopistas Vespucio norte y la ruta 5, hasta esos años era apenas un pequeño pueblo extendido de este a oeste desde su plaza central. Creciendo significativamente en los últimos 20 años.

La antigua migración desde el campo ha sido reemplazada en su importancia por la migración extranjera. De los cerca de 5.600.000 habitantes de la ciudad unos 600.000 son extranjeros. La mayor parte de la población de la ciudad es descendiente de todos aquellos que viajaron a la capital en busca de oportunidades durante la segunda mitad del siglo XIX y el siglo XX, y que en los primeros años tuvieron que enfrentar condiciones de vida considerablemente difíciles marcadas por una pobreza extrema y ambientes laborales indignos a cambio de sueldos de hambre para los pocos que tenían la "suerte" de tener un empleo de la época. Ellos y sus descendientes, entre los que me encuentro, son los que forjaron este Gran Santiago, que hoy concentra un tercio de la población del país.

Introducción

o *divagaciones sobre la identidad en Santiago de Nueva Extremadura*

Santiago no es Chile, existen muchos elementos culturales que nos diferencian con el resto del país, pero de entre todos, el que más llama mi atención, es la poca conciencia de aquello. En nuestra ciudad no existe una mayor identidad, ¿quiénes somos?, ¿qué somos?

La sangre

Cuando Pedro de Valdivia llegó al valle *mapuche*, que en el sur tenía seguramente una amplia zona de *tierra cultivada* que los indígenas llamaban *Maipo*, el valle estaba habitado. Recuerdo alguna vez imaginar a Valdivia llegando a esta zona natural y virgen y fundando la ciudad, acompañado solo de un puñado de españoles y algunos indígenas cargando bultos, de niño me sentí un descendiente de esos españoles. Lejos estaba de lo que realmente ocurrió, un grupo de 14 loncos y curacas se reunieron para recibir en paz a los españoles y uno de ellos, de nombre Loncomilla, le aconsejó sobre el lugar para fundar la ciudad, lo que ocurrió el 24 de febrero y no el 12 como se enseña oficialmente. Santiago fue creciendo con el esfuerzo de los colonizadores llegando en el año 1571 a tener entre 350 y 400 vecinos mientras que en el resto del valle vivían, junto a ellos, unos 60.000 indígenas…

Según el censo del año 2017, en *Santiago de Nueva Extremadura* habitan 5.614.000 personas, de éstas, el 91% no se siente perteneciente a algún pueblo originarios y solo un 30% se considera mestizo según otra encuesta de una universidad extranjera. Esto contrasta con la investigación presentada en *ancestria.chilegenomico.cl* que muestra, en base a estudios de ADN, un mestizaje de casi el

100% de la población, con un 56% de influencia europea, 23% - 25% de influencia Mapuche, 17% aimara y 4% africana. Claramente hablamos un castellano con fuerte influencia del quechua y el mapudungún, lo que implica que existió una importante coexistencia de los españoles primero y luego de los criollos con los pueblos originarios de la zona. El mestizaje cultural es indudable. El tema es la identidad, ¿se siente usted descendiente de incas, quechuas, mapuches o aimaras?, ¿se siente descendiente de alguien más allá de sus abuelos?

Identidad regional

Quien pueda viajar por ruta 5 desde Santiago al sur, podrá notar que apenas se sale de la Región Metropolitana a la altura de angostura, las radioemisoras locales comienzan a hablar en términos de *nuestra región*, los anuncios son del tipo *"50 años apoyando a los agricultores de nuestra región"*, *"favoreciendo el desarrollo de nuestra región"*, *"aportando a la educación de nuestra región"*, haga el ejercicio de contar las veces que se menciona la palabra *región* por hora y de notar la valoración que se le da a cada zona, incluso a cada provincia, ¿sabe usted a qué provincia pertenece su comuna en Santiago?. En mi ciudad eso no se escucha jamás.

Desde mis primeros viajes a otras zonas del país llamó enormemente mi atención el fuerte regionalismo, sobre todo, cuando descubrí otras banderas acompañando a la chilena. ¿Sabía usted que las regiones tienen banderas? En Valdivia es posible encontrar una perteneciente a la Región de los Ríos y otra, blanca con una X roja que pertenece a la ciudad. ¿Conoce la bandera de su comuna? ¿Sabía que las comunas poseen bandera?

Hace unos años pude conocer Porvenir, en tierra del fuego, XII región, alojé en un hostal atendido por la dueña, una señora de unos 40 años y su hija. Al tercer día me preguntó..."*¿usted es de Santiago?*" - Si - respondí yo, "ahh..." - me dijo. "*se nota por lo desconfiado...*". Luego me contó que estaba juntando dinero para viajar al *norte*, su hija y su nieta habían hecho el viaje el año anterior "*y ahora quiero ir yo, antes que me ponga más vieja*", su norte era Chiloé. Desde esta isla zarpó en 1842 la goleta Ancud con la misión de tomar posesión de las tierras australes,

170 años después algunos habitantes recorren en un viaje de 4 días en barco los más de 1300 kilómetros para a conocer su origen. También en Porvenir tuve la oportunidad de ver una fiesta tradicional, ahí había chilenos y argentinos que hablaban con el mismo acento, mucho cordero al palo, domaduras y otras cosas cuyos nombres desconozco. No era una fiesta chilena ni era una fiesta argentina, era una fiesta de Tierra del Fuego.

Después de unos días viajé a Puerto Natales, al llegar con hambre a las 3 de la tarde busqué un negocio para comprar pan pero no encontraba un almacén abierto, las puertas dobles ¡cerradas!, no había letreros en las veredas ni colgando, "pueblo muerto" - pensé- cuando empezó a correr viento lo comprendí. Una vez dentro compré un queque de *ruibarbo* y *calafate*. Después de comprar tomé un taxi para ir al hostal, apenas subí me dijo *"usted es de Santiago"* …después de unos minutos conversando el taxista me comentó: *"aquí no es como Santiago"* me dijo, *"aquí no miramos distinto a los argentinos, en la mañana fui a echar bencina a Argentina, allá es más barata"*. Ya en el hostal la dueña me comentó *"va a quedar mi hija a cargo, mañana viajamos a* **Chile** *en la* *barcaza*". Antes de viajar a Calama pasé unos días en Punta Arenas, ahí probé la *pichanga caliente* y en Calama el completo, compuesto por vienesa, queso, jamón, salsa americana, chucrut, palta, tomate, mayonesa, etc.

Cuando viajo me gusta visitar los cementerios, en ellos es posible ver los apellidos fundadores de cada pueblo y ciudad. En la región de Magallanes los apellidos croatas son característicos, como los alemanes en las regiones de los Lagos y de los Ríos, en donde se prueban *kuchenes* diferentes a los de Santiago. En Curicó los chilenitos son *tortas curicanas*, más al sur se llaman *hojarasca* y van rellenas con una pasta de *chancaca*. En el norte grande el dulce típico es el *chumbeque* y en la IV región los dulces de papaya llenan las ferias. En la X región la sopaipilla no lleva zapallo; se puede comer *chochoca, chapalele, pulmai* y *cancato* en Chiloé, y el "*eri*" reemplaza al "*soi*". En la IX región tanto en cordillera como en la costa es posible encontrar comunidades Mapuches, como en San Pedro de Atacama comunidades Likan-antai. Ver argentinos en Punta Arenas es tan normal como bolivianos en Calama y colombianos en Antofagasta. En Santiago recién en los últimos años estamos recibiendo la influencia cultural de extranjeros, podemos comprar arepas venezolanas y papas rellenas colombianas en las calles del centro.

Apenas se sale de la ciudad, hacia el norte o al sur, el acento y los modismos cambian. Solo en Santiago se habla como en Santiago.

Identidad chilena

Gracias al fútbol se ha exacerbado la pertenencia al país, ser chileno. Cuando gana la selección de fútbol ganamos todos, somos todos chilenos. ¿Pero qué es ser chileno?, una mujer argentina que conocí en Brasil me comentaba sobre los chilenos *"¿cómo es que se llaman ustedes? ahh...criollos, son criollos. ¿Qué significa eso?"* – "Los nacidos en Chile, descendientes de los conquistadores españoles", respondí- ¿y *los pueblos originarios?* – "bueno esos viven en el norte y en el sur..."

Identidad latinoamericana

Uno de mis refugios con el problema de la identidad fue el discurso: *"todos somos latinoamericanos, tenemos el mismo origen, los mismos problemas y sufrimos entre los países de Latinoamérica, las mismas dificultades, bien podríamos considerarnos una sola nación, un solo gran país"*. En aquella época logré sentirme chileno de una forma diferente, lograba un sentido histórico, un trayecto recorrido, principalmente desde las guerras de independencia en donde los nuevos hombres de América, ya no españoles, unidos por los ideales de independencia y con un enemigo común, compartieron inquietudes afines y un cierto sentido de identidad, ya que hasta ese momento nuestra historia era similar. Todos los países habían nacido como colonia española y habían sufrido el exterminio y la explotación de las poblaciones indígenas. Las figuras como Simón Bolívar, quién participó en la independencia de Venezuela, Colombia, Panamá, Ecuador, Perú y Bolivia; José de San Martín, quien participó de la independencia de Argentina, Chile y Perú; o nuestro Bernardo O'Higgins quien junto con San Martín liberó a Chile y realizó el gran esfuerzo, junto con el pueblo chileno, de formar una escuadra nacional que finalmente fue decisiva para la independencia del Perú; todos ellos representaban ideales más allá de la nacionalidad o quizás un sentido de nacionalidad más amplio. Existía en la conciencia de estos hombres la necesidad de validar también, como parte de su historia, las de los pueblos originarios. La *Logia Lautarina*, nombre dado a una organización de personajes que lucharon por la independencia entre los que se incluye a San Martín y O'Higgins, quiso a través de su nombre, sumarse a la tradición guerrera del pueblo Mapuche, buscando incorporar esa identidad al menos entre sus miembros.

Luego de la primera junta nacional de gobierno el 18 de septiembre de 1810 se formó un gobierno provisional, el 30 de septiembre de 1812 fue presentado el primer escudo nacional con las figuras de un hombre y una mujer indígenas, utilizado hasta la reconquista española entre 1814 y 1817 y retirados en 1818 luego de la independencia. Cuarenta años después los mismos chilenos realizarían la "*pacificación de la Araucanía*", o una nueva guerra entre los mapuches y los ahora chilenos. Después de numerosos "combates" finalmente los mapuches fueron relegados a reducciones de tierras que, además, les fueron progresivamente arrebatadas hasta nuestros días. Eso es lo que reclaman y es el motivo de la lucha que se ven a veces en las noticias. Ahí me pregunto… *"bueno y ¿en qué quedamos?"*.

En este libro como en el anterior pretendo colaborar con la reflexión personal sobre el sentido de identidad. Busco que el lector pueda apreciar los elementos culturales que se presentan en nuestro día a día, sus orígenes e historia, para favorecer la construcción de un sentido de pertenencia al mundo y entender que somos parte de un recorrido que aún es joven en comparación a los cientos o miles años de historia de otros pueblos. Tenemos apenas 200 años como país independiente, nacimos con influencias castellanas que nos legaron una serie de elementos culturales europeos provenientes de la tradición greco – romana y de los pueblos llamados bárbaros, así como también de influencias árabes, quienes ocuparon parte de la península ibérica por varios siglos antes del "descubrimiento" de américa. Recibimos de

España la religión y el idioma que, en *versión chilena*, no podríamos entender completamente sin el manejo del quechua, idioma del imperio Inca. La mayoría de los nombres de flora, fauna y lugares, son palabras mapuches. Utilizamos una serie de anglicismos y galicismos y hemos configurado como nación y como ciudad particulares formas de expresarnos que, probablemente en pocos siglos, nos harán correr la misma suerte de Europa produciéndose un quiebre en la unidad del lenguaje castellano. Comemos comidas particulares, dulces característicos, escuchamos la música que escuchamos y no otra, usamos particulares nombres y apellidos y no otros; y tenemos, en general, una serie de costumbres propias y únicas que nos diferencian incluso dentro de nuestro país. Somos santiaguinos. Es hora de despertar.

1. La mañana

La religión

Mientras despierto este sábado por la mañana pienso que nos espera un largo día.

Al ser los países *hispanoamericanos* una ex colonia española, heredamos una gran cantidad de elementos culturales de ese país europeo, entre ellos la religión. Como recordarán, fueron los reyes católicos quienes financiaron el viaje de *Cristóforo Colombo* o Cristóbal Colón, como fue conocido su nombre "castellanizado". Esta influencia católica se transformó en uno de los motores de la conquista del continente americano ya que la fuerte posición del Papa en ese tiempo y de la Iglesia en general, fue lo que validó moralmente la ocupación y dominio sobre los pueblos que ya habitaban este continente. Fue entonces necesario por un lado cristianizar a los nativos, instalándose en los primeros asentamientos iglesias, conventos y monasterios de una multiplicidad de órdenes religiosas, y por otro, validar ante dios el derecho de Castilla para dominar todo un continente. La influencia del Papa demostró su valor, sobre todo, cuando un barco portugués llegó a las tierras de lo que hoy es Brasil y reclamó esos territorios. El conflicto creado entre españoles y portugueses fue solucionado con la entrega por parte del obispo de Roma de todas las tierras al oeste de cierto meridiano y a Portugal las del este, quedando España con la mayor parte de América y los portugueses con Brasil, motivo por el cual este país es una de las pocas excepciones en el continente en las que no se habla el idioma castellano.

La influencia de la religión católica, por tanto, está en el ADN de hispanoamérica y modela una infinidad de elementos de nuestra vida cotidiana que no asociamos o no nos detenemos a analizar usualmente, entre otros, *que todos los días domingo son feriados.*

La religión católica se originó aproximadamente entre los años 34 y 39 DC. Época en que un judío de nombre ישוע con un sonido similar a *Yeshúa*, comenzó a predicar en los territorios cercanos a la costa oriental del mar mediterráneo, en particular en Judea y Galilea, hoy parte del estado de Israel.

Yeshua, también llamado *Josué,* presentó un nuevo enfoque de los valores tradicionales de su pueblo, los hebreos – israelitas - judíos. Criticó a varios grupos de poder de su época, en particular las formas de vivir las enseñanzas que los acompañaban desde hacía miles de años y habían sido entregadas al pueblo directamente por su dios, a quien nombraban probablemente con el sonido Yahvé y que escribían con cuatro letras sin consonantes YHVH. De Yahvé, también llamado *Jehová,* recibieron además de los *mandamientos,* las indicaciones para los rituales, sacrificios y ofrendas.

La ley de dios que en el idioma hebreo es *Torá*, está incluida en los primeros 5 libros de la biblia, más conocidos por los cristianos como *pentateuco*, palabra proveniente del griego *penta*: "cinco". El primero de estos libros relata como Dios creó al mundo, proceso que tuvo una duración de 6 días tomándose el 7º para descansar. Consecuentemente con esto uno de los mandamientos, que fueron recibidos por Moisés cerca del año 1200 antes del nacimiento de *Yeshua*, incluía la consagración del *Sabbat*, palabra que significa "cesar" o "detenerse" y que denomina al séptimo día de la semana correspondiente a nuestro sábado, día que sería equivalente a un *feriado*.

Los orígenes de la religión hebrea o judía se remontan a unos 4000 años, o 2000 años antes del nacimiento de *Yeshua* o Jesús como lo conocemos en castellano. Durante esos 2000 años la casta sacerdotal mantuvo los ritos y enseñanzas gracias en parte a los *escribas,* quienes tenían la misión de transcribir y realizar copias de las escrituras, siendo por lo tanto el grupo más conocedor de *la ley*. En la época de *Jesús* además de los escribas, muy versados en la ley, había un grupo llamado *perishaiya* que en *arameo*, idioma de los hebreos en esos años, significaba algo similar a "separados". Los fariseos, como los conocemos en español, habían adoptado ley de Dios y todas las creencias que habían surgido en el pueblo hasta la época de una forma que podríamos considerar hoy algo fanática creando un sinnúmero de ritos que el común del pueblo no lograba manejar en su totalidad. En los tiempos de Jesús la religión estaba alejada del pueblo, los *escribas* interpretaban la ley a su antojo y los *fariseos* con sus ritos que solo entendían ellos, dejaban de lado a la mayoría de las personas no instruidas. El mensaje principal de los mandamientos, que era un código valórico de vida, quedaba en segundo plano.

Jesús, hacia el año 34, comenzó a predicar la importancia de los valores, enseñó que la religión y sus creencias van mucho más allá que los ritos, ceremonias o el conocimiento docto de *la ley*, resumió los mandamientos de YHVH en la frase *"ámense los unos a los otros"* yendo aún más allá, predicó que los hombres y mujeres deben ser *buenos* unos con otros por principio y no para obtener algo a cambio, ya que todos somos hijos de Dios. ¿Qué valor tiene ser bueno con alguien que es bueno contigo?, es lo obvio, no requiere ningún esfuerzo, el verdadero valor está en hacer el bien al que no te hace el bien, *"si alguien golpea tu mejilla, ofrécele la otra"*, *"ama a tus enemigos y ora por los que te persiguen"*. Ajustó aún más los mandamientos, no solo no había que cometer adulterio, sino que tampoco se debía "pensar en el adulterio", no es suficiente con ayudar a los pobres, sino que, además, no hacer alarde de aquello. La nueva perspectiva que ofrecía Jesús fue aceptada por muchos, pero le generó también muchos enemigos.

En aquella época el pueblo judío estaba dominado por el imperio romano y a los sacerdotes, que también tenían poder político, les preocupaba que una masa tan grande de personas siguiera a Jesús, temían que se produjera una insurrección en contra de los romanos y éstos terminaran por destruirlos. En parte tenían razón ya que unos 30 años después, en el año 70, cuando una rebelión judía que se había iniciado como un conflicto con los griegos en el año 66, terminó con la destrucción del templo, y la masacre y esclavitud de gran parte de la población hebrea por parte de los romanos. Este hecho no fue el único desastre que tuvieron que vivir los israelitas, la dura historia de este pueblo se remonta desde sus inicios. Supuestamente estuvieron esclavizados en Egipto siendo liberados por Moisés gracias al apoyo de YHVH, hecho que se conmemoraba todos los años como el día de *pascua*. Tuvieron que soportar vagar por el desierto 40 años, según la biblia, antes de poder asentarse en el lugar que Dios tenía dispuesto para ellos. Vivieron constantes guerras e invasiones, que en realidad eran comunes para todas las naciones en aquella época. El pueblo que había sido formado por 12 tribus descendientes de un hombre llamado Israel (Jacob), fue dividido cerca del 722 AC, cuando los asirios los conquistaron, deportando a 10 de ellas y sobreviviendo principalmente la tribu de *Judá* (por esto se puede hablar de israelitas o judíos). Fueron tantas las penurias que tuvo que resistir este pueblo, que a lo largo de su historia surgieron una serie de profecías o más bien deseos de que apareciera un hombre que los liberara y los condujera nuevamente a la era de máximo esplendor que tuvieron como nación, lo que se remontaba al gobierno del Rey David alrededor del 1000 AC. El pueblo esperaba un *mesías* "tocado por dios". La aparición en escena de Jesús fue vista por muchos como la llegada de este hombre *ungido*.

La entrada triunfante de Jesús en la ciudad Jerusalén fue la gota que rebalsó el vaso, los sacerdotes pidieron ayuda a los romanos y lo detuvieron. Sin cargos reales que hacerle, fue paseado de uno a otro dirigente romano y finalmente condenado a muerte por Poncio Pilatos, quien ante el pueblo y sin encontrar culpa en Jesús se "lavó las manos de sangre inocente", desde entonces se utiliza la frase *"lavarse las manos"* como sinónimo de *desentenderse* de un asunto o problema. Estos hechos ocurrieron en los días que los judíos celebraban el día de Pascua, es decir la huida desde Egipto con la ayuda de Moisés.

Como intenté explicar *ayer*, desde las primeras religiones el ser humano ha tratado de agradar a los dioses dándoles uno de los elementos más preciados, el alimento. La única forma en que podían hacerlo llegar al cielo era como humo que se elevaba desde los puntos destinados al sacrificio. Yahvé no fue la excepción, en los libros *Números* y

Deuteronomio de la Biblia se encuentra el detalle de todos estos sacrificios y ofrendas. Jesús la noche antes de morir estuvo reunido con sus apóstoles (del griego *apóstolos*: "enviados"). En las celebraciones de la pascua simbolizó su cuerpo con el pan sin levadura que acostumbraban comer los judíos en esta fecha y su sangre con el vino, les pidió a los apóstoles que lo recordaran de esta forma cuando el ya no estuviera con ellos. Así reemplaza en su pequeño grupo los sacrificios destinados a congraciarse con Dios con su propio sacrificio. Jesús se convirtió en el *"cordero de dios"* y su muerte en la cruz fue el precio a pagar para ser recordado él y sus enseñanzas. Hasta el día de hoy el sacrificio de Jesús es perpetuado en la eucaristía a través de la ostia y el vino que simbolizan su cuerpo y su sangre derramada.

Luego de la muerte de Jesús los apóstoles predicaron lo aprendido al pueblo judío sin mucho éxito, en parte porque no lo aceptaron como el *mesías* y aunque fuese así, esperaban a alguien que los liberara de los romanos más que una liberación espiritual.

Un hombre llamado Saulo proveniente de un pueblo llamado Tarso, ubicado cerca de la costa del Mediterráneo en lo que hoy es Turquía, fue opositor y probablemente perseguidor de los apóstoles hasta que siente el llamado de Jesús a través de una visión. Se convierte en uno de los más grandes evangelizadores. Hasta que Saulo, o San Pablo como lo conocemos, entra en escena la religión judía y sus *actualizaciones* cristianas eran patrimonio solo del pueblo judío. Es Pablo quien comienza a predicar entre los gentiles, nombre con que se conocía a las tribus de la zona que no eran israelitas y que por lo tanto no eran parte de la tradición judía. Aquí se produjo un importante problema, apóstoles como Pedro quien fuera designado sucesor del mismo Jesús, consideraban que se debía continuar con *la ley*, es decir, que alguien que aceptara a Jesús también debía aceptar toda la tradición judía anterior, lo que incluía ritos y costumbres como la circuncisión (cortar la piel que cubre el pene) entre otras prácticas, mientras que Pablo daba más importancia al mensaje de Cristo. Ambos se reunieron en Jerusalén el año 48 dominando la postura de Pablo. A partir de entonces las enseñanzas cristianas lograron más adeptos entre los no judíos (*gentiles, gentes*) llegando a ser la religión oficial del Imperio Romano unos 300 años después, convirtiéndose en la religión católica, palabra que proviene del griego *katholikós* que significa *universal*, ya que había dejado se ser patrimonio de un pueblo particular. Los romanos dominaban la mayor parte de Europa incluyendo *Hispania*, que con el tiempo se convertiría en España. Mil años después los españoles (Castilla y León) conquistarían América y nosotros sus descendientes mestizos (mezcla de razas) mantendríamos la religión como un elemento que difícilmente se puede separar de la cultura.

Volvamos a nuestra cama, es sábado. Si nuestra tradición es en parte judía y ellos descansaban el *Sabbath* (sábado), ¿porque nuestro día feriado es el domingo?, esto ocurrió porque según la tradición, Jesús que había muerto un día viernes resucitó al tercer día (el día siguiente al *Sabbath*). En el año 313 a través del edicto de Milán, el emperador romano Constantino I, llamado el grande, terminó la persecución de los cristianos y permitió la libertad de culto. Posteriormente

Teodosio mediante el edicto de Tesalónica declaró el cristianismo la religión oficial del imperio romano. Fue Constantino I quien dispuso que el "día del sol" (*diez solis* en latín) fuese el día oficial de descanso, pero el sentido religioso que lo hizo perdurar hasta nosotros fue determinado en 1566 en el Concilio de Trento, volviéndose oficial para la iglesia católica. Sin embargo, lo que se hizo en Trento no fue más que validar la tradición popular que venía desde las primeras comunidades cristianas, quienes habían dejado de guardar el sábado ya en los primeros años por ser parte de la tradición hebrea. Con los años se cambió el nombre *diez solis* por *dominicus* o "día del señor", nombre con que aparece el día de la muerte de Jesús en el libro Apocalipsis, en castellano *domingo*.

Como un dato interesante el nombre Jesús se mantiene mucho más cercano al sonido original *Yeshua* en varios idiomas como en el birmano *Yayshu*, el kinyarwanda *Yesu* y el malayo *Yesus*.

Los años

Entre la gran cantidad de elementos culturales que son influenciados por la religión tenemos también el año. En el libro anterior "Un día en Santiago", que hablaba de *ayer viernes 8 de mayo de 2020*, expliqué el origen del calendario gregoriano que utilizamos actualmente y de la corrección realizada en el cálculo de los días del año, pero nada mencioné su conteo. En el siglo V un monje bizantino denominado Dionisio el Exiguo, por su tamaño moderado, realizó el cálculo de la fecha en que habría nacido Jesús iniciando el conteo de años que utilizamos actualmente, los que se denominaron *"anno domini nostri Iesu Christi"* o *"año de nuestro señor Jesucristo"*, frase que se encuentra en libros castellanos antiguos. Cuando escribo este libro nos encontramos en el año 2020 de Nuestro Señor Jesucristo o de la era cristiana. Actualmente utilizamos las frases después de cristo D.C. o antes de cristo A.C. para ubicar los hechos históricos, usos que requieren de alguna práctica para lograr comprender que el año 303 A.C. esta más cercano que el 500 A.C., debido a que antes de Cristo los años se alejan contándose al revés. Este conteo particular de los años comenzó a incorporarse aproximadamente en el siglo VII en Europa. Actualmente se reconoce que hay un pequeño error de cálculo, siendo más probable que Jesús haya nacido en el año 4 DC y no en el uno. No existe un año cero, ya que este concepto numérico fue adoptado recién en el siglo VII en la india, llegando a Europa aproximadamente en el siglo X. Aunque otras culturas como los mayas y egipcios ya lo habían conceptualizado anteriormente.

Lejos de la influencia cristiana, en China por ejemplo, la celebración del año nuevo se realiza el 4 de febrero, equivalente a nuestro 31 de diciembre, siendo el primer día del año chino nuestro 5 de febrero. El computo de los años comenzó, de acuerdo a nuestro calendario, el 2697 AC y fue iniciado por el legendario emperador chino Huang Di, a quien se le atribuyen varios elementos de la cultura china. El 5 de febrero de 2020 celebraron el nuevo año 4717. (nuestro año + 2697). Esto es en la tradición del pueblo ya que en 1912 adoptaron el calendario gregoriano de forma oficial.

Los judíos, descendientes de los antiguos

hebreos e israelitas, no consideraron que Jesús fuese el *Mesías* ni adoptaron el cristianismo por lo que tampoco se suman la tradición occidental. En 2020 cuando escribo esto, los judíos están viviendo en el año 5780 desde la creación. (nuestro año + 3760)

Aproximadamente 500 millones de personas son budistas, ellos cuentan los años desde el nacimiento de Siddhartha Gautama, conocido como Buda, el año 543 A.C, aunque en realidad se desconoce la fecha exacta. Actualmente los países Sri Lanka, Camboya, Laos y Tailandia están en el año 2561 (nuestro año + 543), aunque en este último país actualmente también se celebra el año nuevo chino y el occidental.

Los musulmanes cuentan los años desde la salida del profeta Mahoma hacia la ciudad de Medina ocurrida en nuestro 622. Como el calendario es diferente en la cantidad de días no hay una equivalencia exacta entre los años. Hoy en 2020 el calendario islámico se encuentra en el año 1441.

Otras variantes son el calendario *Ge´ez* utilizado en Etiopía, que se basa en otro cálculo para la concepción y nacimiento de Jesús, alrededor del año 8, estando actualmente en el 2013 (nuestro año menos 7). Los 1353 millones de hindúes, que superan con creces la población de toda América y Europa, cuentan los años tradicionalmente desde nuestro año 78, por lo que están actualmente en el año 1942 (nuestro año menos 78), aunque también han adoptado el calendario gregoriano para estar en sintonía con occidente.

Como hoy, por lo tanto, a pesar de ser sábado no es feriado y la mayoría de las tiendas están abiertas, puedo levantarme temprano e ir a comprar para hacer algunas reparaciones en la casa, pero primero a vestirse y desayunar.

La vestimenta

Para levantarnos, algunas personas, entre ellas yo, utilizamos pantuflas, esta palabra proviene del francés *pantoufle* que se traduce como *zapatilla,* pero nunca he usado *bata,* esta palabra probablemente proviene del francés *ouate,* que se utilizaba para nombrar una lámina gruesa de algodón. Es interesante notar que el equivalente a bata en inglés es *coat* que también proviene del francés, *cote* similar a "túnica", al parecer los franceses son exportadores de *confort* palabra también francesa que puede traducirse como *comodidad,* aunque no tiene un término equivalente exacto en castellano.

Del francés *commode*, deriva el nombre *cómoda*, palabra que designa un mueble con cajones frontales utilizado para guardar ropa y que tiene su origen en el siglo XVII, principalmente en la aristocracia. *Commodus* era el término latino para referirse a algo conveniente o apropiado, esta palabra proviene de *modus* con el sentido de *cantidad* o *medida adecuada.*

Como hoy está más frío que ayer sacaré de mi cómoda un *chaleco*, aunque sé que lo que en realidad uso es un *suéter. Chaleco* es el nombre de una serie de prendas para utilizar en el tronco, habitualmente desde el cuello a la cintura y que tiene como característica no poseer mangas, como por ejemplo los chalecos de caza, pesca, militares o los chalecos salvavidas. Esta ingeniosa prenda se utiliza para aquellas ocasiones en donde nuestro pecho está en invierno pero nuestros brazos continúan en verano…, en realidad proporcionan abrigo y comodidad sobre todo al usarlos debajo de otra prenda, evitando la rigidez de los brazos por el exceso de ropa y abrigando principalmente la zona del pecho. La palabra suéter, que muchas tiendas insisten en utilizar aún en su versión inglesa originaria *sweater*, proviene de *sweat* que significa sudar. Antiguamente, al menos a comienzos del 1800, los *sweaters* eran ropas para producir sudoración y bajar de peso.

En la actualidad existen prendas nuevas que reemplazan el suéter, en particular unos polerones fabricados de un material sintético llamado *politereftalato de etileno*. Este tipo de plástico tiene una serie de ventajas sobre la lana común o sintética, en primer lugar, es hidrófobo, palabra griega compuesta por *hidro*: "agua" y *phobos*: "miedo" que indica una aversión al agua que, aplicado a las telas, se refiere a su capacidad de repeler o, al menos, no mantener la humedad, por lo que es de rápido secado, contrario a telas como algodones que por lo general son hidrófilos. Además de su rápido secado es hipoalergénico (recuerden *hipo*: bajo) y es muy abrigador para su peso. Esta tela fue desarrollada originalmente por la empresa estadounidense *Malden Mills* en los años 1980, sin embargo, el dueño no la patentó por lo que ha sido fabricada por muchas empresas alrededor del mundo. La empresa Malden Mills cambió su nombre a *Polartec* y las prendas fueron conocidas como *Polar*. Actualmente *Polartec* es una empresa que constantemente innova en tecnología para el vestuario siendo uno de los principales proveedores de ropa militar para el ejército de los Estados Unidos y otros en el mundo.

Sobre *"la chaleca"* o *el polar* viene bien una *chaqueta*. Esta palabra también proviene del francés, en particular de la palabra *jaquette*, diminutivo de *jaque*, término que se utilizaba para designar un abrigo largo, siendo la *jaquette* una versión corta. Ambos conceptos tienen su origen probablemente en la palabra *Jacque* que, además de ser un nombre, se utilizaba para designar en general a cualquier persona, usándose en el siglo XV el término *jacquerie* para campesinos o villanos (que vivían en villas), con lo que puedo deducir que las chaquetas eran una prenda más popular entre el pueblo que en la aristocracia.

Si es mucho el frío podemos complementar nuestra vestimenta con una bufanda, como adivinarán su origen también está en el francés, la palabra *bouffante* se traduce como *"hinchado"* y se utiliza como adjetivo o característica de ropas anchas o abombadas. Al salir, sobre todo en días de lluvia, podríamos usar una *parka* cuyo nombre procede del ruso парка, término que identifica un tipo de chaqueta impermeable.

Las mujeres sienten más el frío que los hombres a igual temperatura. Las empresas que fabrican artículos y ropa de campamento lo saben y calculan una diferencia de 3 a 6 grados centígrados entre hombres y mujeres para la misma percepción. Por ejemplo, si un hombre resiste con una prenda particular cero grados, la mujer solo resistirá un mínimo de 3º o 6º con la misma ropa, por esto suelen abrigarse más. Si es mucho el frío las niñas incorporarán un gorro de lana con un vistoso pompón en la parte superior. El pompón se popularizó al ser parte del uniforme de los marinos en el ejército francés. Si alguna vez ha tenido la suerte de visitar un barco, habrá notado que entre cada habitación cuarto o *cabina* existen estrechos pasos que pueden ser sellados a presión gracias a escotillas con el fin de controlar incendios o inundaciones. Para pasar de una otra por lo tanto es necesario levantar los pies y agacharse un poco. Los golpes en la cabeza son algo común, sobre todo si se lleva una gorra de marino que limita la visión hacia arriba. Durante el siglo XVIII en Francia en una visita a un barco de guerra, la emperatriz Eugenia de Montijo, esposa de Napoleón III, fue testigo de uno de estos accidentes y aconsejó que como parte del uniforme naval se incorporara en la gorra un pompón para mayor protección, aún es utilizado. Con la fuerte influencia francesa en Santiago de Chile es muy probable que desde este hecho haya llegado hasta nosotros, al menos el nombre tiene probablemente su origen en el francés *pompe* en español "*pompa*", sinónimo de *ostentación*, común la Francia de aquella época. Sin embargo, no fue invento de los franceses ya era posible verlo como parte de sombreros del siglo X en pueblos vikingos y fue utilizado como parte de varios uniformes militares en Europa, mientras que en américa, es parte de la vestimenta de algunos pueblos andinos.

Como hoy saldremos tenemos que preparar la *mochila* y *cartera*. En España no solo se habla español, lo que conocemos como español es el castellano. En este país se hablan principalmente unos 6 idiomas, uno de ellos es el euskera. Euskal Herria, que se traduce al castellano como País Vasco, es una comunidad autónoma que tiene identidad nacional y una historia de quizás hasta miles de años. Esta nación se encuentra cerca de la frontera con Francia y su influencia está en territorios de ambos países, existiendo un *Pays basque français*. En el idioma euskera se utiliza la palabra *motxil* (con sonido mochil) como diminutivo de *motil*: *"muchacho"*. *Mochil* es el nombre que recibían los jóvenes que realizaban labores de mensajeros entre trabajadores del campo, por extensión se denominó *mochila* a los bolsos que utilizaban.

La *cartera* es el bolso utilizado para transportar cartas, la palabra deriva de *cartero*, persona que reparte *cartas* y otros envíos *postales*. Este tipo de bolso generalmente rectangular, fue utilizado probablemente desde la prehistoria para mantener pertenencias de uso personal. Con las necesidades de las grandes ciudades y los imperios, bolsos similares fueron utilizados para la correspondencia, en particular el transporte de cartas. *Carta* proviene del latín *charta* y este del griego *khartes*, en ambas culturas estas palabras denominaban una hoja de papiro. El mismo origen tiene la palabra *chart* que en inglés se utiliza para denominar los gráficos, representación de datos en un dibujo, quienes la tomaron del francés *charte* (documento).

Los antiguos sistemas de correo se componían de un conjunto de hombres a caballo que se ubicaban en diferentes lugares para realizar relevos y transportar la correspondencia, tanto el conjunto de *caballeros* como el sistema se denominaron *posta*. Hoy en día la carrera de atletismo consistente en relevos toma ese nombre al igual que el sistema de correos o servicio *postal* que incluye códigos *postales*, etc.

La cartera ha sido ampliamente utilizada tanto por hombres como mujeres, sin embargo, su uso como accesorio, a veces decorativo, tiene su origen en la edad media.

Uno de los sistemas más actuales que disponen tanto mochilas como carteras, chaquetas, parkas, entre otros es el velcro. *Velcro* es una marca registrada de *Velcro companies,* y debe su nombre al acrónimo creado con los términos franceses *velours*: "terciopelo" y *crochet*: "gancho", sus dos componentes principales.

El desayuno

Normalmente los sábados mi desayuno es un café y un sándwich de queso derretido en el microondas. Vamos…

En la naturaleza existen unos 92 elementos químicos, átomos básicos que componen toda la materia. Alguno de ellos son el oxígeno (O), carbono (C), hidrógeno (H), aluminio (Al) y hierro (Fe). La mayoría de los elementos no se presentan en su forma pura como átomos individuales, lo normal es encontrarlos unidos a otros elementos formando moléculas (más de un átomo). Por ejemplo, el hierro normalmente se encuentra como óxidos, es decir unido a oxígeno como en la magnetita Fe2O3, que contiene 2 átomos de hierro y 3 de oxígeno. El oxígeno presente en la atmósfera tampoco es un único átomo sino una molécula formada por dos oxígenos (O2) y el ozono que se encuentra en capas altas de la atmosfera y evita que nos afecten gravemente los rayos ultravioletas es 03, es decir una molécula formada por 3 átomos de oxígeno. El azúcar común este compuesto por 12 átomos de carbono, 22 de hidrogeno y 11 de oxígeno.

Los átomos son normalmente neutros ya que tienen la misma cantidad de partículas positivas y negativas. ¿Por qué los átomos forman moléculas? En un átomo existen partículas positivas ubicadas en el centro y partículas negativas que orbitan alrededor, al igual como la luna orbita alrededor de la tierra. Si bien los elementos son teóricamente neutros ya que tienen la misma cantidad partículas positivas o *protones* y partículas negativas o *electrones*, existen algunos que tienden a perder electrones. Cuando esto ocurre se pierde el equilibrio y el átomo queda con más partículas positivas, por lo tanto, deja de ser neutro y se convierte en un *ion positivo*, este tipo de elementos se denominan electropositivos. Existen como contraparte algunos elementos que también siendo neutros tienen a recibir electrones, quedando de esta forma con un desequilibrio al tener más partículas negativas que positivas transformándose en un *ion negativo*. Como probablemente sospechan, cuando un ion negativo se acerca a uno positivo se unen, el electrón sobrante en uno de los átomos comienza a orbitar también al átomo que le falta uno, quedando una molécula neutra. A un elemento positivo puede faltarle más de un electrón, así que necesitará unirse a más átomos negativos para poder completar una molécula neutra.

El agua es una molécula compuesta por dos átomos de hidrógeno y uno de oxígeno logrando ser neutra en la suma total, los electrones se encuentran orbitando entre el hidrógeno y los oxígenos. Los átomos no están distribuidos de forma equilibrada H-O-H, sino que están a un lado de la molécula O-H-H, lo que produce que, a pesar de ser neutra en la suma, la molécula tenga un lado positivo y uno negativo. Aquí es donde entran las microondas de nuestro horno.

Lo que conocemos como *calor* es el movimiento de las partículas, moléculas o átomos. Si pudiéramos observar las moléculas de agua caliente, veríamos un montón de partículas moviéndose muy rápido, mientras que en el agua muy fría apenas se moverían. En el hielo se observa claramente esto ya que en un momento las partículas se *congelan*, lo que hace que el agua deje de ser fluida. Como el calor es movimiento podríamos calentar el agua tomando cada molécula y moviéndola muy rápido. Esto que pareciera imposible lo hace posible el horno de microondas. Aprovechando que el agua, siendo neutra como molécula, tiene un lado positivo y otro negativo, es posible emitir ondas electromagnéticas a las moléculas de agua para que las muevan igual como un imán puede mover viruta metálica, claro que para darles energía suficiente para que el agua se caliente, debería moverlas muy rápido, es decir, las ondas deberían ser con una alta velocidad y frecuencia, con muchos ciclos por segundo.

Imaginen el mar con una gran ola que sube…sube…sube… y sube y al final revienta, imaginen ahora que hay múltiples olas que suben y caen rápidamente, micro olas. El horno para calentar mi pan genera microondas, la distancia entre cada una es muy pequeña y genera aproximadamente 2.450.000.000 por segundo (o Hertz), de esta forma calienta el agua que tiene mi pan y que tiene el queso, derritiéndolo. Si un elemento no contiene agua difícilmente lo calentará.

La historia cuenta que Percy Spencer, ingeniero estadounidense que trabajaba en una fábrica de generadores de microondas para radares llamados magnetrones, al pararse frente a uno de estos aparatos en funcionamiento notó que un chocolate en su bolsillo se derretía. Dos años más tarde, en 1947, los hornos de microondas comenzaron a ser vendidos en los Estados Unidos.

El agua caliente la guardo en el termo para cuando despierten las niñas. *Termo* en el uso popular deriva de la marca *Thermos*, sin embargo, esta marca derivó del nombre dado al producto originalmente, que utilizaba la palabra griega *thermos*: caliente, aunque el artículo posee la capacidad de mantener aislado su contenido, tanto del frío, manteniéndolo caliente, como del calor, manteniéndolo frío. En varios países incluyendo Chile *Thermos* continúa siendo una marca registrada, sin embargo en los Estados Unidos es desde 1963 una marca vulgarizada, es decir, el derecho de uso exclusivo es eliminado por utilizarse como nombre del producto.

La radio

Los sábados mientras desayuno me gusta prender la radio para escuchar algo de música.

Las ondas electromagnéticas fueron descritas teóricamente por James Clerk Maxwell, científico escocés, y producidas y detectadas por primera vez por Heinrich Hertz en 1888. En 1894 un inventor italiano llamado Guglielmo Marconi construyó el primer sistema de comunicación efectivo que utilizaba las ondas electromagnéticas transmitidas a través del aire, pero aún no era lo que conocemos como radio sino una emisión de pulsos que debían ser interpretados denominado telegrafía, que ya existía a través de cables. Para recoger los mensajes el aparato receptor contaba con un componente electrónico llamado diodo, cuya patente era de propiedad de la empresa Marconi Company.

En 1906 Alexander Lee, quien desarrollaba su propio telégrafo, al no poder utilizar un diodo común por no poseer los derechos, inventó una variante compuesta por tres vías llamada tríodo. Al utilizarlo descubrió que no solo recibía las ondas electromagnéticas, sino que además las aumentaba, era la base del amplificador y otro paso más en el camino para que hoy pueda escuchar música mientras desayuno. Con los años se perfeccionaron los procesos de transmisión, recepción y amplificación.

Quien haya desarmado o roto algún micrófono se habrá dado cuenta que se compone de un imán con bobina sobre el cual hay una delgada lámina metálica unida a dos cables. Cuando en la estación de radio el locutor habla, las vibraciones del aire se transmiten a esta lámina lo que genera pequeñas perturbaciones electromagnéticas, éstas viajan a través del cable y son recibidas por un amplificador, transmitidas por una antena, recibidas por nuestros aparatos que las traspasan a cables, las amplifican y dirigen a un *parlante* en donde el proceso se invierte haciéndolo vibrar gracias a un imán. *Parlante* es una de esas palabras que de tanto oírlas o articularlas dejamos de escucharlas. *Parlar* es sinónimo de "hablar", *parlante* es un adjetivo, una característica de esta caja que puede "hablar", bien podría llamarse *hablante*.

Hay dos datos interesantes con respecto a la radio. Primero, las guitarras eléctricas se basan en un sistema similar, las cuerdas están conectadas a una corriente suave y las cápsulas receptoras tienen bobinas e imanes para captar las vibraciones que generan, las ondas viajan por el cable hasta el amplificador. Si bien varios artistas intentaron sonidos especiales para sus guitarras modificando distintos parámetros de los amplificadores, el sonido más característico de distorsión fue "descubierto" por Grady Martin al utilizar un equipo de amplificación defectuoso en su canción

The Fuzz (1961), nombre con que se conoce a este tipo de efecto para guitarra eléctrica. (Puede escucharlo en YouTube). En segundo lugar, el nombre *radio* proviene del latín *radius* que significa rayo (como el de las ruedas de una bicicleta) y fue el nombre que utilizó Marie Sklodowska-Curie para denominar el nuevo elemento que descubrió junto a su marido Pierre Curie en 1898. También fue ella quien utilizó el término radioactividad para referirse a las emisiones o rayos que presentaban algunos elementos. Como el elemento *radio* se caracteriza por emitir ondas electromagnéticas (es mucho más radioactivo que el uranio), se convirtió en una expresión similar hablar de ondas de *radio* y ondas electromagnéticas, originando toda la gama de nombres como *radiotransmisor, la radio, radioemisora, radiorreceptor, radiotelescopio, radiografía*, etc. Marie Curie es una de las pocas personas en recibir dos premios Nobel, uno en física y otro en química. Falleció de leucemia, a causa de las *radiaciones*.

La música

En una radio podemos escuchar música. En la mitología griega existían nueve musas, en griego *mousai,* diosas hijas de Zeus padre de los dioses del Olimpo en la mitología griega. Las musas tenían la particularidad representar la belleza y las artes, entre ellas la epopeya (historia), poesía, el teatro y la *música* entre otras. En aquella época todas las actividades de las *musas* eran llamadas *música*, pero se identificaba más con la poesía y el arte de los sonidos.

Mientras tomo desayuno y escucho música aprovecho de hacer mi lista de compras para las reparaciones en la casa para esto necesito un lápiz, ya sea de mina o a pasta, también llamado bolígrafo.

Los lápices

Hasta el siglo XVI la principal forma de escribir sobre papel consistía el uso de plumas. En la antigüedad no existían lápices con depósito de tinta, solo se utilizaban objetos puntiagudos los que debían mojarse constantemente con tintas extraídas de vegetales o compuestas por humo. Las plumas de aves al ser huecas podían contener una mayor cantidad de tinta, por lo que fue una de las primeras opciones de la humanidad. Con este ejemplo se desarrollaron las primeras plumas fuente, es decir con depósitos de tinta ya por el siglo X.

En 1564 en la ciudad de Seathwaite Fell, en el centro de Gran Bretaña, se descubrió el depósito de un mineral semejante al carbón, pero endurecido y casi sin impurezas. La especial dureza de las rocas en este yacimiento en particular, permitió que se pudieran cortar pequeñas barras que los habitantes cercanos utilizaron para marcar ovejas. Aun así, era común que se quebraran, no se debe confundir dureza con resistencia, la solución fue envolver las barras con cuero. Esta especie de lápiz rudimentario se hizo popular entre artistas y fue una muy buena opción hasta 1760 cuando una pareja italiana ideó la forma de envolverlo en madera, más resistente, base de los actuales lápices de mina.

En 1789 el minerólogo alemán Abraham Gottlob Werner denominó a este mineral compuesto principalmente por carbono *grafito,* que es el nombre con que lo conocemos actualmente. El nombre deriva del griego *graphein* que significa escribir. En nuestro *lápiz de mina* ambas palabras hacen referencia a piedras o mineral. Lápiz proviene del latín *lapis* que se traduce como "piedra". Básicamente *lápiz mina* es "piedra de mina" mientras que *lápiz grafito* significaría "piedra para escribir" o "piedra que escribe".

Las antiguas plumas de aves para la escritura evolucionaron a "plumas" metálicas y ya hacia el siglo XIX existían efectivos modelos con depósitos de tinta que permitían una escritura más rápida al no tener que untar constantemente en el tintero. A finales del siglo XIX los sistemas se perfeccionaron apareciendo cartuchos de tinta reemplazables, puntas más suaves para evitar romper el papel y sistemas de alimentación de tinta más lentos para evitar manchas. Sin embargo, a pesar de las mejoras, no podía evitarse que en ocasiones se atascaran o dejara de fluir la tinta. Aburrido de las interrupciones que le provocaba la pluma fuente, el periodista húngaro Lazlo Biro ideó un sistema de pluma en donde la tinta, mucho más espesa que la común, era traspasada al papel a través de una diminuta bola de metal, lo que permitía mayor fluidez, menos roce con el papel y un trazo con un tamaño exacto, lo denominó *bolí-grafo*. En 1943 vendió la patente de su invento a la empresa *Eversharp* que luego fue comprada por *Parker*, famosa marca de plumas y también a Marcel Bich, quien bajo la marca *Bic*, comercializó un bolígrafo o "lápiz a pasta" de bajo costo.

Una historia interesante con respecto a los lápices es la que ocurrió en la carrera espacial entre los Estados Unidos y la Unión Soviética, nombre que adoptó la unión de Rusia y otros 14 países bajo el régimen comunista entre los años 1922 y 1991.

Tomar notas de los instrumentos y realizar cálculos de forma manual era algo muy necesario para los astronautas (USA) y cosmonautas (URSS) en los vehículos espaciales. Durante los primeros años de la conquista del espacio y estando a miles de kilómetros del planeta no podían arriesgarse a que un lápiz fallase. Cuando escribimos la tinta baja por efecto de la gravedad, si escribiéramos un buen rato hacia arriba la tinta dejaría de llegar a la punta y probablemente terminaría saliendo por la parte de atrás, lo que ocurre cuando se nos *"revienta un lápiz"*. Era necesario crear un bolígrafo que pudiera escribir sin gravedad en cualquier dirección y sobre cualquier superficie. La empresa *Fisher Pen* desarrolló por iniciativa propia un lápiz con estas características. El sistema incluía un depósito de tinta presurizado, es decir con presión interna, que permite a la tinta fluir en cualquier posición, además, este bolígrafo permite escribir en cualquier superficie, incluso bajo el agua, siendo patentado como *bolígrafo antigravedad AG7*. En el Museo Nacional del Aire y el Espacio de Estados Unidos en Washington DC tuve la oportunidad de comprar uno para regalárselo a mi hermano a unos 9.000 pesos chilenos.

¿Cómo hicieron los rusos para solucionar el problema de los bolígrafos? - llevaron al espacio lápices de mina.

2. Actividades de sábado

La casa

Ya a mediados de otoño es común prepararse para la llegada del invierno.

Una de las preocupaciones principales es verificar el estado de la techumbre, en particular el estado de las planchas de pizarreño o zinc. Con el *pizarreño* vemos otro ejemplo de marcas que se utilizan para designar un producto en el uso cotidiano, lo que se denomina marca vulgarizada. La pizarra es, como todos saben, …una roca de tipo metamórfica, es decir, que en algún momento se formó por depósitos de sedimentos por ejemplo en el fondo de un lago, pero que a través de millones de años con el movimiento de las placas tectónicas fue a parar a gran profundidad bajo el suelo. En ese lugar los efectos de la inmensa presión y temperatura la transformaron. La palabra metamórfica proviene del griego *meta*: "que va más allá" o "que trasciende" y *morphe*: "forma", se traduce directamente como "transformación". Las pizarras al ser planas y sobre todo al ser impermeables se utilizaban para los tejados. La empresa que fabricaba elementos análogos se denominó *Pizarreño* comenzando sus operaciones en 1937. Su producto característico fueron las planchas onduladas de fibrocemento, compuesto claro está, por cemento y fibras de refuerzo, que podían usarse para reemplazar la pizarra al poseer características similares. Con los años lo común fue denominar *pizarreño* a cualquier tipo de plancha de fibrocemento independiente de su marca. Hoy son fabricadas por empresas como *Pudahuel* y *Volcán* entre otras. Lo mismo ocurrió con el producto *Internit*, también de *Pizarreño*, que es otro tipo de plancha fabricada con fibrocemento; *Aislapol*, marca que se convirtió en el nombre popular genérico de las planchas de plumavit o poliestireno; *Vulcanita* que es una de las marcas que fabrica planchas de yeso-cartón y *Metalcon*, que se está convirtiendo en el nombre de los nuevos perfiles de acero usados para construcción liviana, que ya se denomina por la mezcla de las marcas *vulcometal*.

Antes de ponerme a trabajar en la casa tengo que equiparme con ropa adecuada. Puedo optar por un *overol*, palabra derivada del inglés *overalls*: "sobre todo" y que denomina a la prenda de vestir de una pieza utilizada para proteger de forma completa otra ropa, en ocasiones es llamado *mono*, prefijo griego que tiene el significado de *uno*. También es posible utilizar una cotona. *Cotton* es la palabra que designa al algodón en inglés, mientras que *coton* es el equivalente en francés. En castellano, *cotón* es el nombre de una tela de algodón con la que se fabricaba una prenda resistente para el trabajo que fue llamada cotona.

Una reparación de la techumbre debería incluir la revisión de las cerchas o tijerales. La *cercha* es el componente estructural que permite la distribución del peso de una construcción, en el caso del techo es el entramado de madera o metal sobre el cual se fijan las planchas, ya sea fibrocemento o zinc (elemento metálico usado para su fabricación) distribuyendo el peso hacia los muros. En Chile tenemos la costumbre de celebrar generalmente con un asado y poner una bandera en el punto más alto de las cerchas cuando se finaliza esta etapa de la construcción, lo que es conocido como *"celebrar los tijerales"* o simplemente *"los tijerales"*. Este término para referirse a la cercha solamente es utilizado en Chile, Perú y Bolivia. En general todas las estructuras de este tipo reciben el nombre *celosía*.

Además de estas reparaciones estacionarias algo que siempre debo mantener es la red de agua, por lo que hago de gásfiter. *Gas-fitter* es un concepto en idioma inglés que se traduce como "ajustador de gas". Como se verá más adelante, para iluminar la ciudad, después de los velones (velas grandes) fabricadas con estearina o parafina, se implementó un sistema de iluminación con gas hidrógeno. El encargado de encender las lámparas y su mantención era el *gas fitter*, por extensión, quien se dedicaba a arreglar elementos relacionados con cañerías se denominó *gásfiter* en Chile. En otros países de habla hispana o incluso inglesa se denomina *plomero* o *plumber*, a los encargados de la *plomería*. Hasta antes de que se supiera que el plomo es dañino para la salud, la vajilla doméstica de peltre y las cañerías, contenían el metal llamado *plomo* que en latín se denominaba *plumbus* lo que origina su símbolo en química Pb.

Los sábados, además de la mantención de la casa son sobre todos, el día que me gusta destinar para salir con la familia y pasar la tarde en espacios abiertos. En particular me gusta tomar fotografías de la ciudad, como las que he usado en las portadas de los dos libros que tratan sobre los significados e historias en la vida cotidiana de Santiago.

Existen varios espacios que reúnen las características necesarias para hacer fotografías y para que mi hija se entretenga.

Fotografía

Fotografía proviene de griego *photo*: luz (*ph* con sonido *f* como en el inglés) y *graphos* con la idea de escritura o pintura. La fotografía es la escritura o dibujo que realiza la luz sobre superficies fotosensibles. En el siglo XVI ya se experimentaba con sales de plata que tienen la propiedad de oscurecerse con la luz. Láminas cubiertas con una delgada *película* de estas sales se ponían al interior de *cámaras* (cuarto, habitación, espacio cerrado) *oscuras*, permitiendo una mínima entrada de luz por unos segundos lo que imprimía la imagen exterior. Con los años se desarrollaron técnicas para evitar que al exponerse el papel fuera de la cámara continuara oscureciéndose y se incorporó el uso de lentes para un mejor enfoque y dominio de la escena a fotografiar. Las actuales cámaras fotográficas casi no poseen *cámara,* pero el nombre ha perdurado. Tampoco se puede hablar de *máquina fotográfica* ya que el mecanismo de mover la cinta fotosensible contenida en los rollos fotográficos desapareció, quedando en las actuales cámaras digitales solo el obturador, encargado de abrir brevemente la entrada de luz mientras que la cinta, film, rollo, etc., fue reemplazado por un sensor digital.

La cinta fotosensible en formato de rollo fue un invento de la empresa norteamericana Kodak en 1888, quienes también fueron los primeros en producir masivamente *películas fotográficas* en color. Durante los primeros años de la década del 2010 varias compañías, entre ellas Agfa, Kodak y Fujifilm anunciaron el término de la fotografía química, también llamada *argéntica*, a causa del predominio de la fotografía digital. Sin embargo, en 2019 Fujifilm anunció nuevamente su producción. Cada cierto tiempo lo antiguo se pone de moda lo que se denomina habitualmente *retro*, término del latín que significa "atrás", "antes en el tiempo".

Argéntico/a es un término que deriva de la palabra latina *argentum*, nombre con que se conocía el metal *plata* en la antigua Roma, siendo argéntica el tipo de fotografía que utiliza como base las sales de plata o productos análogos. El término *argentum* aún es utilizado en forma abreviada para el símbolo químico plata (Ag) y también origina el nombre de nuestro país vecino Argentina. Antiguamente se creía que uno de los ríos que desemboca entre

Uruguay y Argentina provenía del Alto Perú, en donde se encontraban las más importantes minas de plata de Sudamérica. Desde el siglo XVI era conocido como *río argentino* y posteriormente se le denominó *río de la plata*, en particular, a la unión que forman los ríos Paraná y Uruguay. Más tarde los españoles formarían el *Virreinato de la Plata* y con la independencia se crearían las *Provincias Unidas del Río de la Plata*, base de la *República Argentina*.

Los colores

Cuando vemos estamos recibiendo unidades de luz denominadas fotones, ondas electromagnéticas que a diferencia de la gran mayoría como las de televisión, celular o radio, somos capaces de percibirlas gracias a que tenemos órganos sensoriales especializados llamados ojos. Los ojos contienen en la pared interior, sobre el fondo llamado retina, un tejido compuesto por células fotosensibles, es decir, que son estimuladas por la luz. Existen dos tipos, las que se especializan en ver colores pero que no son muy sensibles a la luz denominados *conos* y que se encuentran al centro y otras llamadas *bastones*, más sensibles a la luz pero que no son capaces de detectar diferentes colores y que se ubican en la periferia. Es por esta razón que solo podemos ver colores con suficiente luz, mientras que en una noche oscura solo vemos diferentes tipos de grises, esto fundamenta la frase *"de noche todos los gatos son negros"*. Los bastones, al estar en la zona periférica de la retina, no permiten ver con todo detalle si observamos directamente un objeto, en cambio si lo vemos "de reojo", es posible tener la sensación de mayor luminosidad. Al ver las estrellas en la noche, por ejemplo, se ven algunas muy brillantes al lado de la que observamos directamente, al cambiar la vista ya no brillan tanto o simplemente ya no las vemos. La mayoría de las veces las estrellas fugaces "caen" justo en la dirección que no estamos viendo.

En el mejor ejemplo de ondas que tenemos, las olas en el mar, la longitud de onda se definiría como la distancia entre dos elevaciones en el mar consecutivas antes de reventar. En el espectro o rango de radiaciones electromagnéticas, la luz visible tiene una longitud de onda que va desde los 380 hasta los 750 nanómetros que corresponde a una milmillonésima parte de un metro, es decir que la distancia entre cada "ola" en la luz que vemos va de 0,00038 hasta 0,00075 milímetros. Cada color se diferencia en su longitud de onda y esta cambia de acuerdo a la superficie en que se refleja. Por ejemplo, si pintamos un objeto con un preparado que contiene diminutos cristales que reflejan la luz con una longitud de onda "distancia entre las crestas", de 0,0006 milímetros, nuestra visión lo captaran como amarillo, mientras que, si otro elemento hace rebotar la luz con una longitud de onda de 0,000425 milímetros, veremos el color azul. Los colores visibles van desde los 380 nm que es un violeta, hasta los 750 nm que es rojo, en el recorrido: violeta, azul, celeste, verde, amarillo, naranjo, rojo. Con longitudes de onda menores de 380 nm no vemos colores, pero existen y se denominan ultravioletas (del latín *ultra*: "más allá", del violeta) y sobre los 750 nm tampoco podemos verlos, pero están ahí y se denominan infrarrojos (por debajo del rojo). Los rayos ultravioleta provenientes del sol son dañinos para la piel por lo que se utilizan filtros solares sobre todo en verano. La luz infrarroja se utiliza entre otros, para los controles remoto de televisores, equipos de sonido, etc. Si bien nuestros ojos no pueden verlos si pueden las cámaras de video y fotografía, lo puede comprobar apuntando un control remoto a la cámara de su celular mientras hace un video. De todas formas, los fabricantes le instalan filtros para evitar que el exceso de estas luces distorsione las grabaciones, buscando que las imágenes sean similares a las que ve el ojo humano. Ahora podemos comprender que los colores que vemos en la naturaleza son diferentes reflejos de luz, las moléculas de óxidos de hierro reflejan la luz con longitudes de onda que provocan el color rojo, por lo que se utilizan en pintura roja, aunque también podría explicarlo diciendo que los pigmentos rojos "absorben" todas las frecuencias de luz excepto la del rojo. También rojo es el polvo que se le adiciona a los jugos de frutilla o frambuesa. Al salir de Santiago hacia el norte, es posible ver enormes plantaciones de tunas en los cerros, el objetivo es reproducir un insecto entusiasta de esta planta de nombre *Dactylopius coccus*, más conocido como cochinilla. Estos insectos son molidos y utilizados por la industria de alimentos para dar color rojo a una gran variedad de productos. Es posible ir a ver algún envase de jalea o un sobre de jugo y ver en los ingredientes *carmín de cochinilla*, *carmín* o *colorante E120*. *Rojo* proviene del latín *russus* que denomina al color fuerte, siendo *rubeos* la palabra latina para denominar tonos más claros y que origina las palabras rubí, rubio, rubor y rubeola entre otras.

El nombre de los colores proviene también de referencias comunes por lo que, si usted alguna vez se preguntó si las naranjas se llaman así por el color o el color se llama así por las naranjas, puedo resolver esta importante duda, primero fue la fruta. La palabra naranja proviene del persa o farsi *narensh*, la planta fue conocida por los árabes como *naranj* mientras que el fruto es *naranjah* con un sonido *naranyá*. Los árabes introdujeron esta fruta en Europa siendo conocida en castellano como naranja, en Portugal con el sonido *laranya* (laranja), en Francia con el sonido *oranch* (orange), que es también utilizado en inglés. El origen "frutal" para los nombres de algunos colores lo encontramos también en el morado, caqui, damasco y castaño.

La palabra azul proviene del nombre de la piedra conocida como *lapizlazuli* (latín), de donde se obtenían los pigmentos. En la antigua Persia se le conoció como *lajward*, pasó al árabe como *lazaward* y al latín *lazur*, siendo *lápiz lazur*: "piedra lazur" y luego *lapizlazuli*. Como *lápiz* significaba piedra el término *lazur* se convirtió en un adjetivo que identificaba el color, desde ahí se derivó *azur*, formando el italiano *azzurra* y el español *azul*.

El azul es el color que más aparece en los paisajes debido a que está presente en el cielo y en el mar que lo refleja durante los días despejados. La luz que proviene del sol es blanca e incluye todos los colores, al chocar con partículas de la atmósfera la luz se dispersa, la que mejor lo hace son los tonos azules que tienen una longitud de onda más corta, predominando en el cielo y en general en cualquier mezcla que incluya partículas en suspensión lo que se conoce como *efecto Tyndall* en honor a John Tyndall, físico irlandés que se interesó en descubrir por qué el cielo era azul en el siglo XIX, además de explicar el efecto invernadero de la atmósfera.

Verde proviene del latín *viridis*, que a su vez

deriva de *virere*, en ambos casos con el sentido "vigoroso", "joven" e ideas asociadas, siendo utilizado para las plantas de abundante follaje por lo que se asoció con el tiempo al color.

Negro proviene de los sonidos latinos *niger, nigra, nigrum*. En África existe un río conocido en Europa y América como *niger*, en el país *Nigeria*, sin embargo, estos nombres al parecer tienen un origen diferente. El término *nigro* tendría su origen en el griego *necro*: "muerte" y origina entre otras la palabra *nigromancia*, conocida como magia negra, práctica que incluye la invocación a los muertos.

Blanco proviene del germánico *blank*, usado para los conceptos *blanco* y *brillante*. Mientras que amarillo proviene del latín *amarellus*, que al parecer derivaría de *amarus* palabra que significa "amargo". Supuestamente esta relación de conceptos se produjo por el síntoma denominado ictericia (del griego *ikteros*: "amarillo"), el que se caracteriza por la coloración amarilla en la piel y ojos y el sabor amargo en la boca entre otros, derivado de problemas en el hígado.

Con las cámaras fotográficas y la familia

lista, tenemos varias opciones para este sábado entre ellas el

El parque O´Higgins

Antiguamente conocido como parque Cousiño, nombre dado en honor al financiador, un acomodado hombre de negocios que poseía tiendas en Santiago en las que se vendían, entre otros productos, los de las diferentes ramas de su familia procedentes del resto del país. El parque fue producto de la remodelación del *campo de marte* (por marte dios romano de la guerra), destinado a ejercicios militares que ya era utilizado como un paseo por la población sin mayores distinciones de los estratos sociales, sobre todo en las celebraciones de conmemoración de la independencia. Luego de la remodelación se convirtió en el sitio de preferencia por la elite santiaguina, excluyéndose el común del pueblo.

El diseño a cargo del francés Guillaume Renner estuvo inspirado seguramente en otros famosos paseos de Europa como el *Bois de Boulogne* en Francia y *Hyde Park* en Londres, Inglaterra. Renner, quien probablemente fue invitado por Luis Cousiño, recibió la tarea de embellecer la ciudad por parte del intendente de Santiago de esa época Benjamín Vicuña Mackenna quien destacó por cambiar la cara a la ciudad realizando diferentes gestiones urbanísticas. Entre otras obras intervino en el *parque forestal*, los jardines del ex congreso Nacional y en la remodelación de la Plaza de Armas convirtiéndola en un hermoso jardín, hasta la nueva remodelación del año 2014 que, con un costo de $1.663.000.000, la convirtió en lo que es ahora.

Hoy en día el carácter popular es innegable. El campo de marte mantenido en la remodelación aún es utilizado junto al espacio destinado a las famosas fondas del parque, para conmemorar la primera junta nacional de gobierno, inicio de nuestro proceso de independencia.

El cerro Santa Lucía

Desde los comienzos de la república de Chile en 1818, se proyectó convertir el cerro en un paseo público, pero no se llevó a cabo hasta la llegada del intendente Benjamín Vicuña Mackenna, quien tuvo que enfrentarse a las críticas por los gastos que tal obra implicaba. El cerro en esa época no era más que un peñón en medio de la ciudad. Muchas de las casas construidas en Santiago se hicieron sobre cimientos de piedra extraída de sus laderas lo que redujo por mucho su tamaño original.

Unos 200.000 pesos se invirtieron en la construcción del paseo lo que fue financiado con dineros de la ciudad y, en parte, desembolsado por el mismo intendente. No fue el único aporte, varios vecinos donaron tanto dinero como trabajo, entre ellos el mismo Luis Cousiño quien financiara el actual Parque O´Higgins. Otros nombres que se pueden relacionar fácilmente hoy en día son Domingo Fernández Concha y Enrique Meiggs quienes también hicieron donaciones. Las obras se realizaron entre 1872 y 1874, con mano de obra que incluyó mineros, albañiles y entre 150 y 180 presidiarios.

Antiguamente contaba con un teatro y un ferrocarril eléctrico que circulaba por la ladera poniente, ambos eliminados posteriormente. También eliminado se encuentra el cañonazo de las 12:00 que todos los días, sin falta, era "disparado" desde el castillo Hidalgo, construido en 1816 en la remodelación de la reconquista, mencionada *ayer*.

El Parque Metropolitano

El Parque Metropolitano de Santiago está formado por los cerros San Cristóbal, Chacarillas y Los gemelos. El nombre Cristóbal proviene del griego *Khristóphoros* y se traduce como "el que lleva a Cristo". Este nombre fue utilizado por los españoles para nombrar varias cumbres con las mismas características que nuestro *San Cristóbal*, siendo siempre cerros que se distinguen por su ubicación y tamaño en relación a la ciudad. Podemos ver ejemplos en Estepa – Sevilla, Valladolid, Almería y Badajoz en España, el cerro más alto en las montañas de Ronda en Gibraltar y el Cerro San Cristóbal en Lima, Perú, bautizado por Francisco Pizarro en 1535. Es posible que el uso recurrente de este nombre se deba a que San Cristóbal de Licia es reconocido como *"el santo de los viajeros*".

El San Cristóbal no sería muy diferente al actual cerro de Renca si no fuera porque en 1916 el intendente de Santiago Alberto Mackenna, junto al senador Pedro Bannen, iniciaron una campaña para convertirlo en un parque. Las obras se desarrollaron entre 1921 y 1927 pero el nombre oficial "Parque Metropolitano" fue adoptado recién el 25 de abril de 1966. Actualmente cuenta con: el zoológico, palabra que proviene del griego *zoo*: "animal", y *logos*: "estudio"; el balneario *Tupahue*, del quechua "centinela", nombre original del cerro; una funicular, palabra derivada del latín *funiculus*: "cuerda pequeña"; un jardín japonés; un anfiteatro; la casa de la cultura *Anahuac*; un jardín botánico, restaurantes, senderos para ciclismo y caminata, entre otros.

Lo más característico del parque y del cerro en particular es la estatua de la Virgen María, réplica de una *Inmaculada Concepción* erigida por Pío X en la plaza España en Roma, Italia. Recordemos que María madre de Jesús es una persona totalmente libre del pecado original heredado de Adán y Eva, según se decretó en 1854. En el 50º aniversario de este hecho se puso la primera piedra de la capilla y cuatro años después fue bendecida la estatua, traída desde París, Francia, que fue subida por partes a la cumbre. Es hasta la fecha una de las postales típicas de nuestra ciudad.

El Teatro Municipal

El segundo teatro, que actualmente conocemos, fue construido en 1876 en el lugar donde se inauguró en 1857 el primero, destruido por un incendio en 1870.

El primer teatro fue producto de un esfuerzo conjunto de particulares y del Estado para proveer a la ciudad de Santiago de un teatro acorde a su magnitud e importancia como capital del país. No fue el primero en Chile ni en la ciudad. El más grande de aquella época era el Teatro de la Victoria en Valparaíso, mientras que Santiago solo contaba con pequeños teatros, principalmente de madera.

En 1847 el estado donó a la Municipalidad

de Santiago el terreno que antes ocupara la Universidad Real de San Felipe. Con un préstamo estatal de $50.000 firmado por Manuel Montt y Antonio Varas comenzó la planificación del teatro que permitió recibir en 78 palcos a 780 personas, 100 personas en palcos de galería y 100 personas en palcos para autoridades, además de 1250 personas en otras ubicaciones, con un total de 2230 plazas.

La visita al *Municipal* constituyó una actividad cotidiana regular de la elite santiaguina, quizás por el arte, pero más, por ser un lugar de exhibición social, siendo utilizado incluso para bailes de máscaras entre otras reuniones.

El 8 de diciembre de 1870, 30 minutos después de finalizada la función, una de los telones cayó sobre el tubo de gas utilizado para la iluminación, en aquella época de hidrógeno, provocando un incendio que destruyó el edificio de 600.000 pesos y costó la vida del fundador de la 6° compañía de bomberos Germán Tenderini y del tramoyista Santiago Quintanilla. La noticia dio la vuelta al mundo. Actualmente *Tenderini* es el nombre de la calle ubicada al oriente del teatro, famosa por los repuestos de lavadoras y ollas a presión, entre otros.

En agosto de 1871, ocho meses después del incendio, se acordó la construcción de un nuevo teatro con un préstamo del gobierno de $500.000, lo que incluiría la contratación de un elenco lírico y maestros de diversos instrumentos en Italia.

El actual teatro municipal de Santiago cuenta hoy en día con las reparaciones realizadas después del terremoto de 1906 y la modernización de 1958-59. En su historia ha recibido a importantes representantes de las artes a nivel mundial y ha promovido las expresiones artísticas escénicas, en particular ópera, ballet y conciertos, a precios accesibles para cualquiera con interés.

El Cementerio General

Al igual que otros cementerios antiguos del mundo, el Cementerio General es un museo al aire libre. En él se puede encontrar una gran cantidad de arte funerario, que incluye *mausoleos* con vitrales, bajorrelieves, esculturas y un sinnúmero de elementos arquitectónicos de diferentes estilos e influencias. *Mauseleo* es el nombre que reciben las construcciones funerarias, en particular las de mayor tamaño. El nombre proviene del griego *Maousolos – Mausoleion* y que pasó al latín *mausoleum*. El origen de este término está en la enorme tumba construida en el año 353 AC para *Mausolos*, gobernador de un pequeño reino en Asía menor bajo el poder de los persas. Esta tumba encargada por su esposa y hermana *Artemisia* fue considerada una de las 7 maravillas del mundo antiguo, pero lamentablemente fue destruida por un terremoto en la edad media.

En las 86 hectáreas del *cementerio general*, equivalentes a 860.000 metros cuadrados, están enterradas más de 2.000.000 de personas, en promedio unas dos personas por metro cuadrado. Se incluyen entre ellas, a la mayor parte de los personajes históricos de nuestro país, en particular los que fallecieron después del 9 de diciembre de 1821, fecha en que fue inaugurado por el mismo Bernardo O´Higgins. Todos los gobernantes chilenos están enterrados ahí, excepto Gabriel

González Videla cuyos restos están en el Cementerio Municipal de La Serena y los del mismo Bernardo O´Higgins que murió en Perú el año 1842. Sus restos fueron traídos a Chile 24 años después y se encuentran actualmente bajo la Plaza de la Ciudadanía en una *cripta* construida especialmente para desconocer su deseo de ser sepultado en el lugar donde se proclamó la independencia de Chile, como expresa en su testamento. Dentro de la cripta se encuentra el *sarcófago* con sus restos. *Cripta* proviene del griego *kryptos*: "oculto", este término derivó de *krypte kamara* o "bóveda oculta", mientras que *sarcófago* proviene de los términos griegos *sarkos*: "carne" y *phagos*: "comer", literalmente *"come carne"*. Un sarcófago es originalmente un ataúd de piedra, en particular de caliza, la que se creía tenía la capacidad de descomponer rápidamente los cuerpos.

En la entrada del cementerio es posible ver un monumento a las víctimas del incendio de la iglesia de la Compañía de Jesús, ocurrido exactamente 7 años antes del sufrido por el Teatro Municipal, que es la mayor tragedia que ha vivido nuestra ciudad y probablemente la más grande de este tipo en el mundo, solo comparable en pérdidas humanas con el incendio del pueblo estadounidense Peshtigo en 1871, en el que murieron casi todos sus habitantes.

El 8 de diciembre de 1863, miles de personas se encontraban reunidas en la iglesia de la Compañía de Jesús para la celebración de la *Inmaculada Concepción*, cuando un incendio se propagó rápidamente provocando una reacción de pánico entre el público. Algunas puertas que solo abrían hacia adentro no pudieron ser desbloqueadas por la masa que presionaba para salir, por más intentos que se hicieron desde el exterior, mientras que, en los accesos abiertos, la gente cayó provocando una aglomeración que en pocos minutos se convirtió en una pila de cuerpos atrapados. El incendio provocó la muerte de más de 2000 personas en lo que fue conocido como *"la hoguera"*.

El monumento, denominado *"al dolor"*, fue emplazado originalmente en los jardines del ex congreso nacional, lugar en donde se ubicaba la iglesia, siendo trasladado al cementerio en 1928.

Los miles de cuerpos calcinados fueron enterrados en una fosa común que se encontraría bajo el monumento, mientras que en los jardines del ex congreso nacional hay un segundo memorial que incluye las campanas originales del templo. La obra escultórica fue realizada por Albert Carrier, mismo que creó los monumentos a Bernardo O´Higgins en la Plaza de la Ciudadanía; a Belgrano en Plaza de Mayo y a José de San Martín en la Catedral, los dos últimos en Buenos Aires, Argentina.

El término cementerio proviene del griego *kei* con el sentido de algo ubicado a nivel del suelo, de esta forma se originó *keimai*: "acostarse" y *koiman*: "poner a dormir", de esta última derivó *koimētērion*: "dormitorio o lugar para dormir". Este término se encuentra en el siglo XII para referirse al lugar de entierros en el latín *coemeterium* y más tarde *cemeterium*.

El cementerio general, último "dormitorio" de millones de personas, fue creado por iniciativa del Director Supremo Bernardo O´Higgins y puesto en funcionamiento en 1821, apenas 3 años después de nuestra independencia. La principal motivación de O´Higgins era crear un panteón para los héroes de la independencia como una forma de reforzar la identidad nacional. En aquella época los muertos eran enterrados en suelo santo, templos y capillas, sin embargo, los que accedían a ellas lo hacían en base a generosos aportes a la Iglesia. El común del pueblo disponía de algunos terrenos distribuidos por la ciudad, incluyendo uno al lado de la plaza de armas en donde eran enterrados los condenados a muerte ejecutados en ese lugar.

Ni en las iglesias ni en el cementerio general era posible enterrar no católicos, por lo que las personas de otras religiones o creencias eran *inhumadas* a un costado del cerro Santa Lucía. Recién en 1871 se promulgó un decreto que permitió el entierro sin distinción de credos, estableciéndose un patio separado para los "disidentes". Entre estos se encuentra enterrado Juan Canut de Bon, predicador español fundador de las iglesias evangélicas en Chile, por lo que popularmente las personas que profesan este particular cristianismo son llamados *"canutos"*. Finalmente en 1883, los cementerios fueron completamente civiles, es decir, la iglesia católica perdió su influencia, lo que permitió democratizar la muerte. *Inhumar* es sinónimo de enterrar, utilizado en particular para el *enterrar cadáveres* siendo lo contrario "exhumar". El término proviene del latín *humus*: "suelo" y se encuentra emparentada con la palabra *homo*: "hombre". El idioma griego de la antigua Grecia, como el latín de la antigua Roma, son los antecedentes más directos para la mayoría de las palabras que utilizamos, pero no son los únicos ni los primeros. Nuestro idioma también tiene influencias de otros pueblos denominados *bárbaros*, básicamente un término despectivo que utilizaron los romanos para indicar a todos los pueblos que no hablaban latín. Tanto el antiguo griego que influyó en el latín como las lenguas bárbaras, tienen su origen en un idioma más antiguo denominado proto-indo-europeo. De esta lengua voy a destacar dos términos, primero *dheghom* que indica "suelo" y originó los términos del latín *homo* y *humus*. El concepto *humanidad* puede entenderse como "los habitantes del suelo", "de la tierra", o mejor aún, como "los formados por tierra". Es muy probable que el término *hombre* derivado de *homo* tenga este sentido ya que en varias creencias antiguas, como la que se refleja en el libro génesis de la Biblia, el hombre fue creado a partir de arcilla. El segundo concepto interesante en el protoindoeuropeo es *ters* que se relaciona con "sequedad" o "seco". De este concepto derivó el latín *terra* y nuestro término *tierra*, para diferenciarla de los mares y lagos.

El Parque Forestal

Es uno de los parques que constituyen el cordón verde en la ribera sur del río Mapocho que, de poniente a oriente, incluyen el Parque de la Familia, Parque de los Reyes, el Centro Cultural Estación Mapocho, la plaza Prat con el monumento a los Héroes de Iquique, el Museo Nacional de Bellas Artes que marca el origen del Forestal hasta plaza Baquedano y que continúa con el Parque Balmaceda, Plaza de la Aviación y el Parque Uruguay. Desde este punto las áreas verdes destacan en ambas riberas, apareciendo en la norte el Parque de las Esculturas y el Parque República del Ecuador, con una extensión total aproximada de ocho kilómetros.

La construcción del Forestal y los otros parques fueron solo posibles gracias al terreno ganado al río con el proceso de canalización. Los primeros intentos serios de controlar las crecidas del Mapocho se iniciaron con la construcción de defensas de madera y piedra en el siglo XVII seguidos por la construcción de tajamares en el XVIII. *Tajamar* es un uso compuesto del verbo *tajar*: "dividir", "cortar" y *mar*. El 17 de junio de 1783 una inundación provocada por la crecida del río después de dos días de lluvias intensas destruyó los tajamares existentes, desbordándose hacia la ciudad y devastando unas 300 casas. Los tajamares tuvieron que ser reconstruidos finalizando las obras en 1808, actualmente los restos de estas edificaciones pueden ser encontradas en el parque Balmaceda. El río Mapocho fue finalmente canalizado en 1891 contando con un presupuesto original de 500.000 pesos a los se sumaron, por la envergadura de las obras, $2.900.000.

El control del río permitió disponer cerca de 17 hectáreas para el parque diseñado por Georges Dubois, quien contempló la construcción de una célebre laguna desaparecida en 1944 y condenada al olvido. En ella era posible navegar en botes a remo y en un pequeño barco a vapor llamado *Esmeralda*.

Hoy es posible encontrar en el parque el monumento a los escritores de la independencia, con las figuras de José Miguel Infante, Manuel de Salas, Camilo Henríquez y Manuel de Gandarillas. Esta obra fue levantada originalmente en la Alameda de las delicias en 1873, siendo reubicado en 1905. Su autor, Nicanor Plaza, es también responsable de la estatua de Andrés Bello en la casa central de la Universidad de Chile y de las conocidas estatuas de Caupolicán, en la que se aprecia al toqui con un cintillo de plumas que no es de uso mapuche. Esto se debe a que Plaza se inspiró en un grabado que representa *"El último de los mohicanos"*, tribu nativa de Norteamérica. Hoy es posible encontrarlas en la plaza de armas de Rengo y en el Cerro Santa Lucia.

En 1910, con motivo del primer centenario de la primera Junta Nacional de Gobierno, la comunidad alemana residente en Chile donó una imponente fuente de bronce y piedra elaborada por el escultor Gustav Eberlein. Eberlein fue autor de una gran cantidad de obras en Alemania, la mayoría de las cuales fueron fundidas durante la segunda guerra mundial quedando casi en el olvido. En el parque es posible ver una de las pocas creaciones que perduran de esta artista llamada "Fuente Alemana" y que es sin duda una de las mayores obras escultóricas en Santiago. Está compuesta por una serie de figuras que incluyen representaciones de la diosa Victoria, un minero, el dios Mercurio, una mujer chilena y un cóndor entre otras. De esta obra recibe su nombre la tradicional sandwicheria ubicada a pocos metros del monumento.

Palacio de Bellas Artes

En dirección poniente, a pocos metros de la fuente, encontramos el Palacio de Bellas Artes que alberga el Museo de Bellas Artes y el Museo de Arte contemporáneo dependiente de la Universidad de Chile.

Diseñado por Emile Jequier, chileno de padre francés, fue inaugurado el 21 de septiembre de 1910 como parte de las celebraciones de los 100 años de la primera Junta Nacional de Gobierno. En el frontis del edificio se encuentra una escultura en bronce de Rebeca Matte llamada *"Unidos en la gloria y en la muerte"*, basado en la leyenda de Ícaro y Dédalo, también es la autora del monumento a los *Héroes de la Concepción* ubicado en la Alameda cerca de la estación… "Los Héroes" del metro. Esta obra conmemora uno de los hechos de armas más heroicos de nuestra patria que trataré más adelante. En el interior del museo es posible encontrar las esculturas en mármol *"Horacio"* y *"El eco"* de la misma artista.

Las manifestaciones artísticas se han desarrollado a lo largo de la historia en todas las regiones del mundo. Sin embargo, la principal influencia de occidente (Europa y América) es la antigua Grecia. Muchos de los modelos artísticos en pintura, pero sobre todo en escultura y arquitectura son tomados de Grecia la que influenció fuertemente a la antigua Roma quienes la difundieron por toda la Europa bajo su dominio. Por muchos años y a causa de la disolución del imperio, pero, sobre todo, por culpa del cristianismo medieval, la herencia artística griega estuvo a punto de desaparecer. En los siglos XIV y XV, producto del surgimiento de una fuerte burguesía gracias al comercio, comenzó en lo que hoy es Italia un renacimiento del conocimiento en todo ámbito, en particular en el arte, rescatando los elementos de la cultura griega y romana. En esta época existe un gran desarrollo de la pintura, escultura, arquitectura, filosofía y ciencias entre otros. En Santiago el modelo del arte antiguo lo vemos reflejado en un sinnúmero de obras como por ejemplo el palacio del ex congreso nacional con su fachada inspirada en el Partenón griego, caracterizado por las columnas con capiteles corintios y cubierta triangular, que también encontramos la Iglesia de San Ignacio en donde se combina con el típico arco romano semicircular en el acceso principal, esta mezcla de ambos elementos es la más utilizada en construcciones de este tipo, la que también se aprecia en el frontis del Palacio de Bellas Artes.

En el Interior del Museo también se observa la influencia greco-romana y renacentista en el arte, por ejemplo, en las clásicas esculturas de blanco mármol que reflejan una gran precisión tanto en la figura del cuerpo humano como de otros elementos entre los que destaca la vestimenta con pliegues, caídas y movimiento a veces sobrecogedores como se aprecia en la obra del escultor Chileno Ernesto Concha llamada *"La Miseria"*.

Durante el renacimiento, cuando se observan y recogen influencias artísticas de las antiguas esculturas romanas y griegas, los modelos que habían sobrevivido 10 o 15 siglos habían perdido su color por lo que se asumió que siempre habían sido blancas. En realidad, hasta el día de hoy, si se mira con atención es posible encontrar algunos pigmentos que demuestran que tanto las esculturas, bajorrelieves y construcciones estaban profusamente coloreadas, haciendo inexactas esas imágenes de las ciudades griegas y romanas totalmente blancas que vemos en dibujos y películas.

La Quinta: Normal de Agricultura

Una quinta es el conjunto de casa y terreno destinado a la recreación, construidas principalmente por familias aristocráticas y alta burguesía. En Chile existieron muchas como la Quinta Meiggs en el sector de estación central y la famosa Quinta Vergara en Viña del Mar. El concepto proviene de España y ha tenido diferentes usos en latinoamérica. En ese país se originaron en el siglo XVI con la adquisición de grandes terrenos por parte de la nobleza y burguesía en sectores rurales fuera de la ciudad de Madrid, las que se destinaron especialmente a la recreación, a diferencia de las quintas agrícolas.

En Chile, el sistema de educación elemental está inspirado en su origen bajo el modelo francés *école normale* (*escuela normal*), con el uso de la palabra *normal* refiriéndose a "norma" o "método". El modelo de educación *Normal* fue propuesto por (San) Juan Bautista de La Salle quién fue el generador de, entre otras normas, el organizar a los alumnos por nivel, mantener horarios definidos de clases y que la educación no se hiciera en latín, sino en el idioma común de las personas. En Chile la primera escuela normal de preceptores (actuales profesores) se fundó en 1842. Sus egresados fueron conocidos como normalistas.

En 1841, inspirado en un gran número de jardines botánicos alrededor del mundo se fundó en Santiago la *Quinta: Normal de Agricultura*. Estos terrenos, que en algún momento se encontraban en la periferia de la ciudad, fueron comprados por el estado para crear un centro de experimentación y educación agrícola destinada *"a la aclimatación, multiplicación i cultivo de los árboles, i demás plantas, tanto indíjenas como exóticas que sean útiles a la agricultura i a la industria del país"*

En la quinta Normal de Agricultura se producían y vendían algunos productos como: *"semillas de alcachofa verde de Provenza"* a 10 céntimos, *"semillas de coliflor Lenormand pie corto"* a 10 céntimos o *"semillas de frejones sin hollejo para verde, de todo comer"*, entre otras 130 variedades de hortalizas; 13 tipos de semillas de forraje, unos 70 tipos de semillas de flores, 45 diferentes semillas de árboles, 17 tipos de vid, 59 tipos de frutas y verduras frescas, flores, palmeras, 72 tipos de manzanos, y un largo etc. que incluía productos elaborados como el *vino ordinario* a $15 la arroba (medida de masa equivalente a 11,5 kg). Si alguien está interesado en visitar este lugar tendría que pagar *"10 centavos por persona grande, 5 por niños y 20 por jinete y carruaje"*, claro que hace 128 años.

La Quinta Normal junto con el parque Cousiño constituían uno de los paseos preferidos por la aristocracia y no podría ser diferente ya que a finales del 1800 y comienzos del 1900 un obrero no podía permitirse el ingreso *"sino sacrificando el ahorro de una semana de trabajo"*.

Hoy en día el acceso es libre tanto para el parque como para los museos en su interior. *Museo* es una palabra que también proviene del griego *mousa* o musa, a través de *museion*, nombre dado al santuario y centro de estudios construido por Ptolomeo Sóter cerca del 280 AC en Alejandría, Egipto, similar al *Liceo* de Aristóteles.

Si se camina desde la Quinta Normal por la calle Matucana hacia la Estación Central, es posible encontrar varios restaurantes que ofrecen comidas muy buenas y abundantes para almorzar. Algunos platos que se pueden encontrar son:

Las comidas típicas

La cazuela. Como todos saben una cazuela es una… olla de barro. *Cazuela* es término despectivo derivado de *cazo,* palabra que designa en España una olla pequeña que puede ser utilizada tanto para cocinar como para servir el alimento (también usada en Chile). En hispanoamérica, por extensión, se denominó *cazuela* a cualquier alimento guisado en ella. En el libro *"Voces usadas en Chile"* (1900) de Aníbal Echeverría I Reyes se puede leer, como ejemplo, la definición del *caldo de gallo* como *"una cazuela sustanciosa que los trasnochadores acostumbran al amanecer…aun cuando este guisado no contenga ave".* Tanto como se habla de *cazuela de pollo* o *cazuela de vacuno,* bien podríamos mencionar una "cazuela de verduras" o "cazuela de mariscos", aunque hoy en día está totalmente difundida la palabra como sinónimo de esas dos preparaciones en particular.

La cazuela de pollo o de vacuno tiene como ingredientes principales, además de la carne, *papas*, *zapallo* y *choclo*, entre otros. En otros lugares del mundo, en donde no llegó la influencia de los incas estos nombres no son utilizados. Los incas fueron un pueblo que organizó un gran imperio extendido desde Ecuador hasta Chile y que sobrevivió desde el siglo XIII aproximadamente, hasta la llegada de los españoles. En particular hasta el día en que el Inca o jefe máximo fue detenido y luego asesinado por el primer grupo de españoles con los que entró en contacto. El idioma oficial de este imperio era el *quechua*, lengua que nos ha legado una gran cantidad de palabras de uso común. La *papa* tiene su origen como especie en américa y fue introducida en Europa recién en el siglo XVI, fuera de la influencia inca el nombre es *patata*, palabra que deriva del quechua *papa*. Algunos términos de este idioma relacionados con la *papa* y que usamos son: *chuño*, papa deshidratada al sol y *chuñusco*, término derivado de *chuño* para designar algo "seco", "arrugado". La palabra *zapallo* proviene del quechua *sapallu*, fuera de la influencia inca el nombre es *calabaza*. Choclo, del quechua *choccllo*, es conocido sólo como *maíz* en otros territorios.

La humita, del quechua *huminta*, es una comida preparada con maíz que probablemente derivó de los antiguos *tamales*, masas de maíz rellenas, consumidos por pueblos originarios de Mesoamérica (sur México y Centroamérica) desde hace unos 2800 años. El maíz es originario de esta zona y fue conocido en Europa y el resto del mundo solo después del descubrimiento europeo de américa. La humita se consume en varios países desde Ecuador al sur. Por su semejanza, denominamos humita a un tipo de corbata pequeña, llamada en otros países *corbatín* y en inglés *bowtie*.

El chupe de mariscos o de locos es una comida preparada principalmente con papas y es muy común en restaurantes, sobre todo de las zonas costeras. La palabra *chupe* deriva del quechua *chupi*: "sopa" y da origen entre otras palabras a la *chupilca* a través del quechua derivado *chupirka*. Para quien no conozca esta preparación se las dejo como tarea, sobre todo en su versión *chupilca del diablo*.

Los *"porotos con rienda"*, preparados originalmente con chicharrones y cuero de cerdo en forma de tiras, debe su nombre a la analogía de las riendas o correas con las que un jinete gobierna un caballo. En la versión típica actual las tiras de cuero son reemplazadas por tallarines. La palabra poroto deriva del quechua *purutu*, lejos de la influencia inca el nombre utilizado es judía o frijol.

Otros nombres comunes de alimentos que tienen su origen en palabras *quechuas* son: *callampa* para nombrar las setas, aunque también es *aimara*; quínoa, derivado de *kínua*; *palta* para nombrar el aguacate; lúcuma derivado de *rucma*, planta originaria de Perú; y *chorito*, diminutivo de *choro,* para nombrar al mejillón.

El *charquicán* es puré de papas y zapallo que incluye choclo y arvejas, entre otros. Antiguamente era elaborado con *charqui* frito lo que da origen a su nombre. El *charqui* es la carne salada y seca al sol o al aire, principalmente para su conservación. El término probablemente deriva del quechua *charchi*: "seco".

Para acompañar el *almuerzo* podemos optar por jugos, bebidas de fantasía o un shop. Como mencioné "ayer", la península ibérica, en donde se ubica actualmente España y Portugal, fue ocupada por el califato omeya durante aproximadamente 8 siglos. De esta larga influencia el castellano adoptó una serie de palabras de origen árabe y por lo tanto hemos llegado a usarlas nosotros. Podemos identificarlas por contener una *h* intermedia como *alcohol* y *almohada*, pero por sobre todo por el comienzo *al-* que corresponde a nuestros artículos definidos (el, la, los, las) que se aprecia claramente en *alfombra*, *alcalde*, *alevosía* y *almuerzo* que básicamente es "el mordisco" (*al-morsus*).

La palabra jugo proviene del latín *sucus*, que derivó en varios idiomas como el portugués *suco* y el italiano *succo,* de donde toma su nombre la marca de jugo en polvo y el croata *sok*, como ejemplos.

Bebida es cualquier líquido que se bebe, en el uso cotidiano de nuestra ciudad lo utilizamos en particular para referirnos a las bebidas gaseosas o bebidas de fantasía. En un uso que está en extinción, bebida era utilizado en particular para las que contenían alcohol, como en la frase *"tiene problemas con la bebida"*. Las gaseosas tienen su origen en 1832 cuando se inventó una forma de mezclar agua con dióxido de carbono, que luego fue comercializada con sabor. El invento se masificó a tal grado que con los años aparecieron una serie de locales que ofrecían diferentes mezclas de sabores en bebidas gasificadas llamados *fuentes de soda* que en nuestro país se convirtió casi en sinónimo de restaurante. Hasta hace pocos años las fuentes de soda eran los lugares preferidos para un completo o italiano y un shop, aunque un *Barros Luco* siempre es una buena opción.

La cerveza es una sopa de cereales, en particular cebada, hervida con flores de lúpulo que le otorga un sabor amargo y fermentada con levadura lo que produce alcohol y gas como desecho. El shop se diferencia de la cerveza por el hecho que el gas es adicionado al momento de servir, lo que genera una mayor cantidad de espuma. Si usted es consumidor de cerveza habrá notado que la "lata de medio" en realidad no es de medio litro, sino de 473 cc o una cantidad cercana, esto es para que al servirlo en un jarro shopero de 500 cc quede con aproximadamente un centímetro de espuma sin rebasarlo. El termino *shop* deriva del nombre de los locales que venden cerveza, en inglés *beer shop.*

Los completos chilenos son un producto único, difícilmente se encuentran los sabores característicos de un país en otro. Hace unos años tuve la oportunidad de conocer Salvador de Bahía en Brasil, ahí pude encontrar la preparación más similar a la chilena, al menos a la vista, pero el sabor de las salsas era diferente sin contar con que el tomate era aliñado, caliente y la palta inexistente. La mezcla de tomate rojo, verde palta y mayonesa blanca, además de dar un sabor característico también le aporta los colores de la bandera italiana por lo que se conoce popularmente como *italiano*, al parecer México no puede recibir el honor de tener una comida con su denominación por lo que tuvimos que mirar más lejos. El completo, por otra parte, contiene entre sus ingredientes una preparación propia de Alemania llamada chucrut. *Sauer-kraut* o agria-col, es una preparación de col (repollo) fermentado en salmuera lo que le confiere un sabor ácido. El término pasó al francés como *choucroute* y al castellano como *chucrut*. Si bien el *sauer-kraut* fue conocido a través de Alemania, su origen es desconocido. El término *Sauer*, que pasó al inglés como *Sour*, se utiliza para denominar preparaciones *agrias* o *ácidas* como en el *Pisco Sour*. Como lo ácido puede otorgarse con variados jugos de fruta, es posible encontrar *sour en limón*, *sour en mango*, naranja, piña, maracuyá, etc.

La bebida de fantasía más consumida a nivel mundial es la *Coca-Cola*. Fue creada como una bebida medicinal por el químico farmacéutico John Pemberton quien buscaba alivio para su adicción a la morfina. La preparación original contenía extracto de hojas de *coca* y nuez de *cola* o nuez de Sudán, incluyendo también cafeína. En su receta original, como algunos preparados de flores actuales, contenía alcohol. Con la prohibición de bebidas alcohólicas la preparación tomó su forma actual. Hoy la empresa norteamericana continúa utilizando un saborizante proveniente de la hoja de coca, de hecho es la única empresa que puede importarlas en Estados Unidos. Si bien Pemberton inventó la fórmula, quien la convirtió en la bebida más consumida fue el empresario Asa Griggs, quien por 500 dólares compró la receta que lo convirtió en millonario.

Dentro de los productos de *The Coca-Cola Company* se encuentra la bebida de fantasía *Fanta*. Si bien pareciera poco original el nombre la verdad es que tiene todo el derecho de utilizar este nombre genérico ya que dispone de unas 70 variedades alrededor del mundo. Es en Chile en donde solo conocíamos la versión naranja, por lo que no era necesario un *apellido* (Fanta naranja). Sin embargo, es posible encontrar Fanta limón, fresa, piña, melocotón, guaraná, uva, fresa-kiwi, lima, manzana, pera, saúco, lichi, sandía, maracuyá, entre otras.

La bebida de fantasía es uno de los productos más consumidos por los chilenos. En el año 2013 éramos era el segundo país del mundo en consumo de bebidas gaseosas por habitante, lo que se redujo drásticamente con promulgación de las leyes alimentarias como el etiquetado y cantidades máximas de azúcares y grasa por porción, que se encuentran entre las más exigentes a nivel mundial. Esto ha permitido que las empresas desarrollen productos más sanos que, en el caso de las bebidas, provocó la aparición y masificación de versiones *Zero* y *sin azúcar*.

Ramón Barros Luco fue un destacado político chileno. Inicio su actividad como parlamentario en 1861, fue ministro de cinco presidentes de la República siendo nombrado en total 16 veces, mientras paralelamente continuaba en el congreso. Durante el gobierno de José Manuel Balmaceda actuó como ministro del presidente y como presidente de la cámara de diputados, siendo uno de los impulsores de la revolución que se enfrentó al gobierno y que terminaría con la derrota y suicidio de Balmaceda. Como candidato de consenso fue elegido Presidente de la República en una elección sin oponentes para el periodo 1910-1915.

En el barrio Dieciocho, entre las calles *dieciocho* y *San Martín*, se fundó en 1879 la *Confitería Torres*. Con una ubicación privilegiada en plena Alameda, cerca de La Moneda y los ministerios, se convirtió desde su origen en un lugar frecuentado por los políticos de la época, entre ellos Ramón Barros Luco quien cada vez que visitaba el lugar pedía un sándwich de carne y queso. Una vez elegido presidente este restaurant decidió nombrar ese emparedado *Barros Luco*, nombre popularizado que se usa hasta la actualidad. La *Confitería Torres* es, con sus 141 años de existencia, el restaurant más antiguo de Santiago y de Chile aún en funcionamiento.

Los dulces

Después de comer podemos caminar por la Estación Alameda y comprar algo dulce. *Comprar* proviene del latín *comparare*, que tiene un significado similar a "equiparse", "adquirir", "abastecerse" y cotejar esta acción. Como para equiparse, por lo general, hay que intercambiar dinero por productos, tomó la idea de *comprar* como la entendemos ahora, pero el mismo origen con una mínima variación la encontramos en la palabra *comparar* que toma el sentido *cotejar*.

A mi hija Catalina le encanta el *cocholate*, más conocido como chocolate. Al igual que el tabaco, el cacao es un producto que no se conocía en Europa antes de 1492. Tiene su origen en el actual México y fue consumido por los aztecas y posteriormente por los americanos y europeos como bebida hasta el siglo XIX, cuando se mejoró la técnica de prensado permitiendo obtener manteca de cacao. La palabra chocolate proviene del náhuatl, lengua usada por el imperio mexica, *xocoatl*, término derivado de *xoco*: "amargo" y *atl*: "agua". Actualmente el 68% de la producción de cacao se produce en África.

Los "dulces chilenos" típicos de nuestra ciudad son los provenientes de la ciudad La Ligua, ubicada a 154 km al norte de Santiago, la que también destaca por la elaboración de textiles, en particular con lana de *liguano*, raza de carnero original de esta zona. Si bien esta ciudad se hizo reconocida por los dulces desde mediados del 1900, no es la única que destaca por la producción, elaborándose también en Melipilla (*meli pillan*: "cuatro *pillanes*", espíritus de los antepasados) ubicada a unos 73 km. de Santiago. Gran parte de la cultura de dulces llegó a Chile de la mano de las monjas Agustinas. De la tradición culinaria de las religiosas proviene la frase *"mano de monja"* para referirse a la habilidad en la cocina en general.

Los *dulces chilenos* más conocidos en Santiago

son: los *cachitos*, masa rellena con manjar y/o crema que asemeja en su forma la de un *cacho*, que en hispanoamérica es sinónimo de *cuerno*; los *empolvados*, masas esponjosas cubiertas con azúcar de *flor*, cuyo nombre (*flor*) es utilizado solo en nuestro país. Los *chilenitos*, alfajor de hojarasca relleno con manjar, conocidos como *hojarasca* en el sur del país y que en su receta original eran rellenos con una crema elaborada en base a *chancaca*. En Curicó son más conocidos como *tortas curicanas* con un mayor número de variantes.

El dinero

Para comprar estos dulces tanto en carretera 5 x $1.000 como en Santiago 5 x $2.000 es necesario tener dinero.

Las monedas de $1 de aluminio y las de $5, $10 y $50 acuñadas en cobre, aluminio y níquel, poseen la imagen de uno de los padres de la patria, Bernardo O´Higgins. *Moneda* es un término que se refiere tanto a la pieza metálica con diseño distintivo como al signo representativo del dinero circulante, por lo que podemos hablar de la moneda de 100 pesos o mencionar que la moneda europea es el *Euro* (€), la de Chile el peso ($) o la de USA el dólar estadounidense (US$). La palabra tiene su origen en el templo de la diosa *Juno Moneta* en la antigua Roma, que significa "*Juno la amonestadora*" (de ella deriva *amonestar*). Recordemos que también por esta diosa se denominó *junio* el sexto mes. Anexa a este templo y bajo la protección de esta diosa se encontraba la casa de fabricación o *acuñación* de monedas. De *moneta* se origina también la palabra del inglés *money*: "dinero".

Las antiguas monedas de $100 que están ya casi desaparecidas poseen la imagen del escudo nacional y tienen la misma composición que la de $10 o $50, mientras que la nueva posee dos aleaciones diferentes de cobre, níquel y zinc en el centro, siendo este último reemplazado por aluminio para el anillo. Posee la imagen de una mujer mapuche.

La moneda de $500 está compuesta principalmente por una aleación de cobre con algo de aluminio en el centro, mientras que el anillo es *alpaca*, aleación de cobre, níquel y zinc. Posee la imagen del Cardenal Raúl Silva Henríquez, abogado y sacerdote salesiano, primer rector del Liceo Manuel Arriarán Barros en el cual tuve el honor de estudiar. Fue promotor del templo inaugurado en 1950 y rector además del instituto teológico ubicado en los mismos terrenos. En 1953 organizó el congreso de Religiosos de Chile y en 1956 estuvo a cargo de la formación de Cáritas Chile, institución de la iglesia que *"anima la acción social como dimensión propia de la misión de la Iglesia, promoviendo la dignidad humana, la justicia social y los derechos humanos desde una opción preferencial por los más pobres y excluidos"*. Por los incendios en el zanjón de la aguada que detonaron la toma de terrenos en la población la Victoria durante 1957, relatado en el primer libro, creó el Instituto de Viviendas Cáritas (INVICA).

En 1959, en el templo San Juan Bosco de La Cisterna, fue investido Obispo de Valparaíso con el lema *"Caritas Christi urget nos"* o *"el amor de Cristo nos obliga"*. En 1961 asumió como Arzobispo de Santiago y en 1962 fue nombrado Cardenal. Ese mismo año inició una reforma agraria en la Iglesia chilena que consideró la venta de las tierras pertenecientes a los fundos de la iglesia, con precios y formas de pago adecuadas a la realidad de los campesinos.

En 1973 intentó favorecer el diálogo entre los actores políticos de la época para evitar un desastre por la extrema polarización en la sociedad de esos años, pero las conversaciones fueron interrumpidas por el golpe de estado. El 24 de septiembre, apenas 13 días desde *el golpe*, el Cardenal se presentó en el estadio Nacional y se puso a disposición de los detenidos comenzando de esta forma una importante labor en favor de los perseguidos por el régimen militar. En los meses siguientes se creó el Comité Ecuménico de Cooperación para la Paz en Chile más conocido como Comité Pro Paz, que incluía a las diversas iglesias cristianas y a la comunidad judía para el resguardo de los derechos humanos. El punto fuerte de esta organización fue su comité jurídico que presentó varios recursos de amparo a la Corte de Apelaciones de Santiago, aunque sin éxito.

A pesar de que el Papa de la época, Pablo VI, condenó de inmediato las violaciones a los derechos humanos, el Cardenal lo convenció de lo importante que era evitar este tipo de declaraciones para no perjudicar la acción de la iglesia en la protección de las personas. En un comienzo creyó que era mejor mantener buenas relaciones con *la junta* por lo que tuvo varias reuniones con los militares en las que presentó el tema de los asesinatos y tratos inhumanos a los detenidos. Ya en 1974 el Cardenal expuso públicamente que las autoridades no lo escuchaban. El conocimiento del gobierno militar sobre la ayuda que recibían opositores al gobierno motivó, además de la detención de sacerdotes, la disolución del comité.

Por la intervención de los militares en la Universidad Católica fundó la Academia de Humanismo Cristiano y en materia de derechos humanos la Vicaría de la Solidaridad que en los años siguientes se convertiría en una importante recopiladora de los abusos del régimen militar. En 1978 intercedió ante el Papa Juan Pablo I para conseguir una mediación que evitara una guerra con Argentina por el conflicto limítrofe del extremo sur en alianza con la iglesia de ese país. Finalmente, la tarea se realizó bajo el papado de Juan Pablo II con una mediación que duraría cinco años. En 1983 fundó el Banco del Desarrollo y, el mismo año, luego de presentar su renuncia al papa, entregó su cargo a Juan Francisco Fresno. Falleció el 9 de abril de 1999 a la edad de 91 años, recibiendo honores de estado, sus restos se encuentran en la Catedral Metropolitana de Santiago.

El billete de mil pesos conmemora uno de los hechos más heroicos de la historia militar chilena. En la versión que está casi desaparecida se apreciaba por una cara la imagen de Ignacio Carrera Pinto y por la otra el monumento a los *Héroes de la Concepción* de Rebeca Matte. La versión actual solo cuenta con la imagen de Carrera Pinto sin la gorra que lo distinguía claramente como militar y que ocultaba su alopecia o falta de cabello, la que fue reemplazada por una abundante cabellera nacida de la imaginación de los diseñadores del billete.

Desde la independencia y hasta 1879, los límites entre Chile y Bolivia no estaban claros, sin embargo existía un tratado entre ambos países que no fue respetado por Bolivia. Esto motivó la protesta del gobierno chileno y luego, al no obtener una respuesta satisfactoria, la ocupación militar de la ciudad boliviana Antofagasta el 14 de febrero de 1879, fue el comienzo de la Guerra del Pacífico. Poco tiempo antes Perú había firmado, sin imaginar quizás lo que ocurriría, un pacto de apoyo mutuo con Bolivia, lo que obligó a este país a declarar también la guerra a Chile.

Al año siguiente, luego de importantes combates en tierra y mar, el enfrentamiento comenzó a desarrollarse en tierras peruanas. El 4 de septiembre de 1880 viajaron al norte de Perú 2200 soldados al mando del capitán Patricio Lynch y a partir del 19 de noviembre 27.000 hombres desembarcaron en el puerto de Pisco, al sur de Lima. En el camino hacia la capital peruana los chilenos vencieron en San Juan, Chorrillos y Miraflores, llegando a Lima el 17 de enero.

Desde la ocupación de la capital el enfrentamiento se transformó en una especie de guerra de guerrillas, enfrentándose el ejército chileno a diferentes grupos de resistencia en el interior de Perú, lo que se denominó Campaña de la Sierra y estuvo al mando de Lynch. En el marco de esta operación la 4ª Compañía del Batallón 6° de Línea "Chacabuco" al mando del Teniente (Capitán sin alcanzar a ser notificado) Ignacio Carrera Pinto, fue enviada al poblado peruano de Concepción, capital de la provincia del mismo nombre en el Departamento de Junín, separándose del grueso del ejército chileno. Su misión era relevar a las fuerzas chilenas en el lugar, unos 100 hombres al mando del coronel Del Canto que contaba con varios soldados enfermos de tifus para luego regresar.

Al llegar Ignacio Carrera con un total de 77 hombres Del Canto procedió a evacuar a los enfermos utilizando todos los soldados de su compañía, esto ocurría el miércoles 5 de julio de 1882. El domingo 9 de julio se celebró en el pueblo el día de San Feliciano, festividad a la que fue invitado el teniente Carrera que, sin bajar la guardia, dejó acuartelados a sus hombres atentos a cualquier señal. A las 14:30 horas se avistaron fuerzas peruanas compuestas por 300 soldados y seis unidades de guerrilleros a las que más tarde se sumarían otras dos, llegando al pueblo un total de 1800 hombres. Carrera Pinto al ver escenario adverso no hizo entrega del poblado, dividió a los

77 soldados chilenos en cuatro secciones alrededor de la plaza y envió tres hombres a caballo para informar de su situación al grueso del ejército, cayeron muertos antes de salir de la ciudad.

El asalto peruano comenzó desde varias direcciones, luego de unas horas resistiendo en la plaza los soldados chilenos se replegaron a su cuartel, los peruanos intentaron tomarlo pero fueron repelidos repetidas veces con cargas de bayoneta (cuchillo largo que se fija a la punta de los fusiles) debido a que ya no tenían municiones. Ante la resistencia los peruanos decidieron rociarlo con combustible y prenderle fuego. Hacia las 12 de la noche los chilenos abandonan el cuartel en llamas y se refugian en una iglesia aledaña, en esta acción cae muerto Ignacio Carrera Pinto, quien fuera nieto de José Miguel Carrera, sobrino del presidente Aníbal Pinto y nieto-sobrino del presidente Francisco Antonio Pinto y Días de la Puente, quien gobernó hasta antes de la revolución conservadora de 1829.

A las 10 de la mañana del día siguiente dos de los cuatro soldados chilenos sobrevivientes encabezados por el subteniente Luis Cruz Martínez de 15 años, al verse agobiados por el fuego y el humo deciden salir del lugar, pero no para rendirse, corren con sus rifles en la última carga de bayoneta y caen muertos. *"Niño ríndase"* le habrían gritado los peruanos pocos minutos antes, a lo que contestó *"los chilenos no se rinden"*. Los otros dos soldados caerían en la iglesia. Se pierde completa la compañía "Chacabuco" y con ellos mueren dos mujeres y un bebe nacido durante el combate. Los corazones de Ignacio Carrera Pinto, Julio Montt Salamanca, Arturo Pérez Canto y Luis Cruz Martínez se encuentran en la Catedral Metropolitana de Santiago.

El billete de 2.000 pesos cuenta con la imagen de Manuel Rodríguez.

Manuel Javier Rodríguez y Erdoíza nació el 24 de febrero de 1785, estudió derecho en la Universidad Real de San Felipe ubicada en donde hoy se levanta el Teatro Municipal, recibiéndose en 1807 pero sin lograr doctorarse, lo que estaba reservado solo a quienes tuvieran los ingresos que les permitieran el pago de 300 pesos, inalcanzable para Manuel de origen más bien humilde, a pesar que no cesó en buscar la forma de conseguirlo, corría el año 1809.

En estos años el Reyno de Chile pertenecía a España, que por esos años sufría la invasión de Francia al mando de Napoleón Bonaparte. Esto provocó primero la derrota del Rey español Carlos IV y luego la "renuncia" de su hijo Fernando VII en favor del hermano de Napoleón José Bonaparte, quien se convertiría en el rey de España y por tanto de hispanoamérica. En nuestro país al igual que en otros de la región, ante la falta de un gobierno central se constituyeron juntas de gobierno para administrar los territorios en nombre del rey español depuesto. En Chile la junta se constituyó el 18 de septiembre de 1810 y es lo que celebramos cada año en Fiestas Patrias.

No pasó un año cuando las intenciones originales de los criollos chilenos se mostraron abiertamente, se buscaba la independencia. En 1811 se formó el primer congreso nacional, Rodríguez fue nombrado por el cabildo procurador de Santiago, más tarde sería electo diputado para el primer congreso nacional por Talca y luego por

Santiago. El mismo año, José Miguel Carrera que regresaba de luchar contra Napoleón en España, realizó un golpe de Estado y formó una nueva Junta de Gobierno en la que su ex compañero del colegio Carolino, Manuel Rodríguez, tomó el cargo de Secretario, similar a los actuales Ministros. Aquí Rodríguez redactó un Reglamento Constitucional Provisorio que es el primer ensayo de Constitución de nuestro país.

Desde el virreinato de Perú y ante la evidente independencia de Chile se enviaron tropas para recuperar la colonia para España. José Miguel Carrera se convierte en General en Jefe del Ejército y Manuel Rodríguez se dirige al sur del país con el grado de capitán, ambos combaten las tropas realistas. En enero de 1814 Carrera cede el mando del ejército al brigadier Bernardo O´Higgins, quien había demostrado una importante determinación en una batalla dada por perdida que logró dar vuelta consiguiendo un resultado favorable.

En 1813 Manuel Rodríguez se convirtió en Secretario de Hacienda, ese mismo año Fernando VII, rey legítimo de España recupera la corona.

Ante el avance de los españoles y el desastre en Rancagua que marcaba el fracaso del primer intento de independencia en nuestro país, huye hacia Argentina junto al grueso del ejército chileno. En la ciudad de Mendoza se pone a disposición de *José de San Martín* y sirve como espía y mensajero entre Argentina y Chile, es aquí donde comienza la leyenda. Manuel Rodríguez fue el principal motivador de la causa independentista de Chile durante la reconquista, realizando además varias acciones de sabotaje a las fuerzas realistas. Su actuar fue fundamental para dividir al enemigo quienes no sabían en donde esperar la llegada del Ejército Libertador, se calcula que alejó cerca de 2000 soldados realistas del primer combate.

Rodríguez cruzó muchas veces la frontera sin ser detectado. Fue perseguido por el gobernador español Casimiro Marcó del Pont quien en 1816 ofreció $1000 para quien entregara a José Miguel Neyra y a Rodríguez, vivos o muertos. Prohibió bajo pena de 200 azotes, en el caso de los *plebeyos* o gente común y un castigo de $2000 o el destierro por cinco años a la isla de Juan Fernández para personas *"de calidad"*, a cualquiera que le diera hospedaje o algún tipo de ayuda. En su desesperación, Marcó del Pont ordenó la prohibición total del tránsito, bajo pena de muerte, del *"camino del Maypu al Maule"*, de mar a cordillera salvo para militares y correos, corrían los días de enero de 1817. Pocos días después llega desde el otro lado de los Andes el Ejército Libertador derrotando al ejército realista en Chacabuco el 12 de febrero. Manuel Rodríguez se une al ejército y se recupera Santiago. Bernardo O'Higgins asume como Director Supremo después que San Martín rechazara el cargo ya que sus fines eran otros, pretendía establecer una monarquía en este extremo de América.

Los realistas enviaron más tropas para recuperar nuevamente el control del *Reyno de Chile*, desembarcan en Concepción, Bernardo O'Higgins combate y sale herido en el *desastre de Cancha Rayada*. Manuel Rodríguez, al no tener noticias de él, asume como Director Supremo y organiza la resistencia en la capital, pero O'Higgins no estaba muerto, regresa a Santiago y Rodríguez le entrega el mando.

Al llegar las tropas realistas al llano de Maipo

el ejército chileno lo enfrenta, a Manuel Rodríguez se le tiene en reserva, pero acude a la batalla con sus *húsares de la muerte*. San Martín y O'Higgins logran la victoria y con ello la independencia. En esta época se enfrentan varias facciones entre los patriotas chilenos, si bien mientras lucharon contra los realistas el objetivo de derrotar al enemigo común era claro, al lograrlo hubo disidencias, cada grupo tenía una idea particular de cómo organizar al país. En 1817 por orden de Ramón Freire el aliado de Rodríguez, José Miguel Neira, es fusilado. En su afán por alejarlo del país O´Higgins le ofrece un cargo en New York, Estados Unidos, lo detienen y encarcelan en Valparaíso para enviarlo engrillado en el barco a su nueva destinación, antes de que esto ocurra soborna a los guardias y huye. El 7 de agosto es detenido acusado de conspirar contra el gobierno. Por órdenes del Director Supremo Bernardo O'Higgins es trasladado hacia Quillota y asesinado de un tiro en la espalda por los militares que lo custodiaban a la edad de 33 años.

El billete de 5.000 pesos lleva la imagen de la poetisa Lucila Godoy Alcayaga más conocida por su seudónimo Gabriela Mistral. Un seudónimo o *pseudónimo* es un nombre diferente al propio, utilizado por los artistas para el desarrollo de sus actividades, es similar al *alias*, término del latín que significa "de otro modo". Proviene de los términos griegos *pseudes*: "falso" y *onuma*: "nombre". Así escoge su nombre basada en la mezcla de sus dos poetas favoritos, Gabriele D´Annunzio y Frédéric Mistral.

Gabriela Mistral se inició en labores docentes y en la poesía desde temprana edad, sin embargo, sus poemas al ser considerados "*socialistas*" le impidieron el ingreso a la escuela Normal de Preceptoras de La Serena a cargo de religiosas. No logró obtener nunca un grado académico, siendo su formación de maestra autodidacta a través de la práctica y de la influencia recibida en la escuela básica de Montegrande, de su Liceo en Vicuña y, sobre todo, de su hermana quien era maestra y la encargada de mantener la familia ante el abandono del padre.

Con los años destacó como poetisa, participando en concursos y publicaciones, y como educadora se destacó llegando a ser directora en

Punta Arenas. Fue invitada a México para colaborar en la reforma educacional de ese país y conoció Estados Unidos en donde publicó la primera edición de *Desolación*, una de sus obras más conocidas, corría el año 1922 y en su libro se leía la dedicatoria a don Pedro Aguirre Cerda, también docente, quien sería presidente de la república entre 1938 y 1941. Fue él uno de los principales promotores de su nominación al premio Nobel de Literatura obtenido en 1945, el primero en esta categoría para un/una hispanoamericana/a.

Desde 1933 se desempeñó como cónsul en diferentes países, falleciendo en New York, USA, el 10 de enero de 1957 a los 67 años.

El billete de 10.000 pesos tiene la imagen de Arturo Prat Chacón. Nacido en 1848, ingresó a la armada de Chile en 1858 y obtuvo el título de abogado siendo parte de ésta.

Luego de la Batalla de Maipú la independencia era firmada pero no asegurada. Mientras Chile no tuviera el control del mar podrían seguir llegando refuerzos desde España o desde Perú. Fue entonces necesario por una parte conseguir una Armada fuerte y por otro la independencia también del Perú.

O´Higgins puso todo su empeño en conseguir una flota de guerra, se mandaron a construir barcos y se contrató a un comandante con experiencia en Inglaterra, de esta forma llega Lord Thomas Cochrane en junio de 1818. Ya en 1817, mientras se construían en Inglaterra cuatro embarcaciones, eran anexadas a la flota dos naves españolas capturadas, el bergantín *Carmelo* renombrado como *Araucano* y *El Águila* nombrado más tarde *Pueyrredón*, que tendría la misión de rescatar a los patriotas exiliados en la isla Juan Fernández. En 1818 llegan las fragatas compradas en Inglaterra *Windham* renombrada *Lautaro* y *Cumberland* renombrada *San Martín*, mientras que desde Estados Unidos llegaba la corbeta *Coquimbo*, renombrada *Chacabuco*.

Cochrane no fue el primer comandante, antes de su llegada el mar estuvo a cargo de Manuel Blanco Encalada quien comenzó el reclutamiento de marinos y dio los primeros pasos para la creación de la escuela naval de oficiales. En Talcahuano capturó la fragata española *Reina María Isabel*, que había partido desde Cádiz en España esperando recuperar Chile para la corona española, sería renombrada *O´Higgins*.

Chile logra controlar el mar, La escuadra nacional zarpa hacia el norte comandada por Thomas Cochrane el 9 de octubre de 1818 y San Martín libera al Perú en 1820.

En 1863 comenzaría una serie de sucesos que provocarían la toma de las islas Chincha en Perú por parte de españoles. En 1864 España ya contaba con una flota de barcos en el pacífico y Chile, al ver la invasión, solidarizó con Perú enviando misiones diplomáticas para obtener el apoyo de otras naciones a su causa y negando el aprovisionamiento de las naves españolas en puertos chilenos. Los españoles respondieron con el bloqueo de los puertos Chilenos Coquimbo, Caldera, Concepción y Valparaíso, este último fue incluso bombardeado por la flota española el 31 de marzo de 1866.

Chile había descuidado su escuadra, tenía solamente dos barcos para enfrentar a los españoles, sin embargo, ambos burlaron el bloqueo y se unieron en Perú a la flota de ese país. Estos barcos eran el *Maipú* y la corbeta *Esmeralda*, llegada a Chile recién en 1856. Dos errores se conjugaron para que el Vicealmirante José Manuel Pareja, encargado de las acciones españolas, se suicidara, primero el dejar salir del puerto por error a la corbeta *Esmeralda* y por otro enviar sin resguardo a la pequeña goleta *Virgen de la Covadonga*, que es capturada por las naves chilenas y anexada a la flota, corría el año 1966. Ambas naves, *Esmeralda* y *Covadonga* participarían junto a otras de la flota aliada peruano-chilena en varias acciones, logrando la victoria para los países sudamericanos que contaban con el apoyo de Ecuador y Bolivia, aunque la paz definitiva no se firmaría hasta 15 años después.

En 1879 estalla la guerra entre Chile y Bolivia, este país había firmado poco antes un pacto con Perú por lo que la guerra en definitiva se libró principalmente en contra ese país. La primera acción de guerra por parte de Chile fue muy discutida, una invasión era inviable ya que ni siquiera se disponía de munición suficiente en el país. En realidad, ni Perú ni Chile estaban preparados para una guerra por lo que ambos países debían ganar tiempo o atreverse a una acción rápida. Lo más adecuado era comenzar por controlar el mar, el Almirante chileno Williams Rebolledo se opuso al bloqueo del puerto peruano del Callao en donde este país tenía el grueso de su flota, en cambio, se decidió por bloquear el puerto peruano de Iquique, con la esperanza de que las naves peruanas llegaran a liberarlo y librar ahí el combate. Con esta intención viajó la escuadra chilena compuesta por los blindados *Blanco Encalada* y *Cochrane*, las corbetas *Esmeralda*, *O'Higgins*, *Chacabuco*, la goleta *Covadonga* y la cañonera *Magallanes*. Sin embarcación a cargo zarpaba como secretario de Rebolledo el capitán Agustín Prat, más conocido por su segundo nombre Arturo. Cuatro meses duraría el bloqueo de Iquique sin mayores novedades, en este tiempo los peruanos reforzaron varias posiciones, repararon sus naves y trasladaron tropas hacia la ciudad de Arica.

Rebolledo decide finalmente dejar Iquique con sus mejores naves para atacar puertos peruanos, bloquear Arica y sorprender a la flota peruana en el Callao, dejando a cargo del bloqueo sus dos embarcaciones menores, la *Covadonga* al mando de Carlos Condell y la corbeta *Esmeralda*, llevándose a su capitán Manuel Thomson y dejándola a cargo de su secretario, el también capitán de corbeta Agustín Arturo Prat Chacón, quien ya había comandado la *Covadonga*, era el 16 de mayo de 1879.

Rebolledo llega al Callao, pero no encuentra a las naves peruanas, ambas escuadras se cruzaron sin encontrarse, no sería la única vez, y se ve obligado a regresar. En el viaje de retorno se cruza con algunas embarcaciones menores y comienza a conocer las noticias de un combate en Iquique.

Un día antes de zarpar desde Iquique, el 16 de mayo, el presidente peruano junto a los altos mandos del ejército habían dejado el puerto del Callao junto a tropas, víveres y los dos blindados más poderosos de su flota el *Huáscar* y la *Independencia*. Ese mismo día recibieron la información de que solo dos pequeñas naves mantenían el bloqueo en Iquique y que desde Valparaíso habían zarpado transportes de tropas hacia el norte. Los peruanos tenían el camino allanado, fácilmente eliminarían a las embarcaciones chilenas en Iquique, continuarían por la costa bombardeando los puertos, interceptarían el transporte con 2500 soldados chilenos y podrían llegar hasta el mismo Valparaíso sin encontrar resistencia por el camino. Las únicas naves que estaban al nivel, siendo incluso superiores eran el *Blanco* y el *Cochrane*, pero ambos estaban muy al norte debido a la mala suerte y el pésimo movimiento del Almirante Rebolledo.

Quien iba a imaginar que la Corbeta Esmeralda daría pelea, cuando lo común de la época ante una situación tan dispar era arrear la bandera y rendirse, a veces incendiando la embarcación para que no pasara al enemigo. Pero ya lo había afirmado Prat a Rebolledo cuando le dejaron al mando de la *Esmeralda* apenas seis días antes *"si viene el Huáscar, lo abordo"* y lo dejó claro a sus hombres *"la contienda es desigual. Nunca se ha arriado nuestra bandera ante el enemigo y espero que ésta no sea la ocasión de hacerlo"*. Quien iba a imaginar que la *Esmeralda* y sus 202 tripulantes resistirían cerca de tres horas y media el ataque del blindado *Huáscar* y los disparos desde el puerto. La estrategia fue inteligente, Prat dirige su embarcación ubicándola entre el *Huáscar* y la costa, el blindado peruano está obligado a disparar por elevación, es decir calculando que las balas cayeran en la Esmeralda ya que tiros directos podrían alcanzar a la ciudad y tropas peruanas en la costa. Los cañones chilenos le permiten defenderse de las posiciones de tierra, pero nada le hicieron al blindado. Después de una hora y media y sin lograr doblegar a la *Esmeralda*, de hecho, sin lograr ningún impacto directo con sus cañones, el comandante Grau ordena impactar con el espolón de proa al barco chileno. Prat ordena girarlo para evitar un golpe de lleno, el espolonazo es desviado pero el disparo de los cañones peruanos destroza a unos 50 chilenos en cubierta. Prat salta al abordaje del *Huáscar* con dos hombres, cae herido y de rodillas es ultimado con un disparo en la frente. Hay un momento de espera, los chilenos no se rinden, Prat se lo había dicho a sus hombres *"mientras yo viva, esa bandera flameará en su lugar y si muero mis oficiales sabrán cumplir con su deber"*. Un segundo espolonazo destroza la *Esmeralda*, el teniente Serrano salta al abordaje con un grupo de

12 marineros, estaban esperando el instante con rifles y machetes en mano, varios caen muertos mientras otros, heridos, se arrojan al mar y abordan nuevamente la *Esmeralda*. Pasan veinte minutos y un tercer impacto deja a la corbeta hundiéndose rápidamente, se escucha un último disparo chileno, los sobrevivientes saltan al agua y la *Esmeralda* desaparece bajo el mar con la bandera chilena aún a tope. El *"caballero de los mares"* como es conocido Miguel Grau en Perú, comandante del *Huáscar*, recoge a los chilenos sobrevivientes en el mar antes de partir para alcanzar a la *Independencia*.

La *Covadonga* a cargo de Condell huye hacia el sur por la línea de costa, pero no busca alejarse de su perseguidor la *Independencia,* la mantiene a tiro. Desde el barco chileno cuatro hombres disparan sus rifles para evitar que los peruanos lleguen a los cañones frontales y ataquen. En un momento el barco chileno toca fondo, Condell sabe que es el momento, sabe que el barco peruano más grande y pesado encallará, *"¡aquí se fregaron!"*- expresa fiel a su estilo y se gira esperándolo. Guillermo Moore capitán de la *Independencia* cae en la trampa, ordena un espolonazo que no llega a impactar a la

Covadonga, encalla y rompe su quilla. Condell repasa al barco peruano con cañonazos y el capitán Moore al verse superado y a diferencia de Prat, baja la bandera y se rinde.

Grau al mando del *Huáscar* deja Iquique y al llegar a Angamos ve el desastre, Condell que buscaba regresar para ayudar a la *Esmeralda* al divisar el barco peruano toma rumbo hacia el sur.

Cuatro meses y medio más tarde la historia se invertiría, Grau desaparecería, literalmente, al recibir un cañonazo del acorazado chileno *Cochrane* al mando de Juan José Latorre en la Batalla de Angamos, en la que el *Huáscar* terminaría siendo capturado. Participaría luego como nave chilena en el bloqueo del puerto del Callao en Perú. Manuel Thompson, capitán chileno del Huáscar y ex capitán de *La Esmeralda* encontraría la muerte en su cubierta de forma similar a Grau cuatro meses después, recibiendo de lleno un impacto de cañón en su pecho siendo pulverizado, su espada quedaría incrustada en cubierta hasta el día de hoy. Este barco lleno de historia puede ser visitado en el puerto de Talcahuano.

¿Qué hubiese pasado si los chilenos en la *Esmeralda* hubiesen bajado la bandera?, ¿Cuál hubiese sido el destino de Condell perseguido por ambos barcos peruanos?, incluso ¿Qué hubiese ocurrido si los chilenos de la Esmeralda no hubiesen resistido más de tres horas? Gracias a la inteligencia y valor de los capitanes y marinos chilenos la historia es la que conocemos. Lograron con las naves más débiles reducir el poder naval peruano considerablemente e impedir sus planes. A partir de este momento el control del mar fue sin duda chileno y la guerra se pelearía en suelo peruano.

El billete de 20.000 pesos lleva la imagen de Andrés Bello.

Andrés de Jesús María y José Bello López nació en Caracas, Venezuela en 1781, en donde cursó estudios universitarios de matemática. Se desempeñó en política siendo parte de un cuerpo diplomático en Londres luego de la independencia de su país junto a Simón Bolívar, quien fuera también su alumno. A causa de la reconquista española en Venezuela iniciada en 1812 se autoexilia en Londres. En Inglaterra sirve en varias misiones diplomáticas incluyendo la chilena, aquí conoce a Juan Egaña quien lo invita Chile. Llega a nuestro país en 1829, se desempeña como redactor en el periódico *"El Araucano"*. En 1832 se le otorga la nacionalidad chilena, lo que le permite en 1837 ser Senador de la República. Colabora en la fundación de la Universidad de Chile en 1843, hasta el día de hoy conocida como *"La casa de Bello"*. Fue el primer rector de esa casa de estudios hasta su muerte en 1865. Dentro de sus obras se encuentran guías de gramática, poemas, estudios y críticas literarias, traducciones que incluyen las conocidas *Profecías de Nostradamus*, textos de historia y filosofía. También fue el principal redactor del Código Civil promulgado en 1857, que aún tiene la mayor parte de sus artículos en vigencia. Este cuerpo legal reúne todas las normas fundamentales relacionadas con las personas, familia, derecho de alimentos, estado civil, posesiones, muerte, herencia entre otros.

Nuestro idioma castellano - chileno - santiaguino

Después de almorzar podemos volver a la Quinta Normal. En el parque es posible ver parejas de *pololos*, mujeres con sus *guaguas*, niños jugando a la pelota en alguna *cancha* improvisada, niñas jugando a la *payaya*, otros padres llevando a sus hijas al *apa*. Podemos comprar *mote*, pedirlo con *yapa* y tomarnos hasta el *concho*. Algunas personas se protegen del sol con alguna *carpa*, para no quedar *morochos* con el sol. En septiembre no falta quien anda de *huaso* con *chupalla*. Se ven grupos de amigos asando *trutros* de pollo para el almuerzo bajo un *peumo*, *patagua* o *maitén* en los que es posible ver aves como *queltehues*. A veces, estudiantes universitarios se juntan a tocar música con *quenas*, vestidos con *ponchos* y *chalas*. Si no supiera *quechua* ni *mapudungun* como segundo y tercer idioma no podría haber escrito este párrafo y gracias a que ustedes también manejan estas lenguas son capaces de entenderme.

En más de una ocasión mi hija se ha caído y se ha hecho una *nana*, pero con solo acercarme y hacerle *nanay* ya se siente mejor. *Nanay* es una palabra quechua que significa dolor y de ahí derivó a nuestra *nana*, para referirnos a una herida en un niño o niña. Cuando hago esto puedo ver mi reflejo en un indígena que quizás hace 500 o 600 hizo lo mismo que yo, probablemente en este mismo lugar, quizás mi antepasado.

Veamos algunos usos que ya separan *nuestro* castellano. al menos, del hablado por países lejos de la influencia Inca y Mapuche. Del quechua heredamos *kancha*, como en la cancha de fútbol; *capi* para nombrar las vainas como el *capi* de poroto; *chala*, para nombrar una sandalia; *morocho* o morocha, para la persona de piel morena; *ñato* o *ñata*, para la nariz; guatón, de *guato*: cuerda, que derivó en guatear; *payador*, cantor popular; *chancar*, moler; *guacho*, cría sin madre; *guagua*, niño de pecho; *apa*, cargar, *llevar al apa*: cargar en la espalda; *mote*, maíz desgranado y cocido, palabra que en Chile es utilizada para el grano de trigo cocido en lejía; *pucho*, sobrante, para referirnos al resto del cigarrillo; *yapa*, ayuda o aumento. Del mapudungun algunos ejemplos son: *poncho*, manta, abrigo; *pichintún*, pizca; *copucha*-r, difundir noticias alarmantes; *charcha*-zo, bofetada; *poto*, nalgas; *quiltro*, perro; *trutro*, muslo de las aves; *cahuín*, originalmente fiesta o reunión, hoy *intriga*; *pilucho*, desnudo; *pololo,* pololear, relación amorosa informal; entre otras. Del aimara tenemos el típico *¡aro!* de la cueca y varios términos que son compartidos con el *quechua*. Todas estas palabras han sido incluidas por la RAE a los usos castellanos en su esfuerzo para que nos sigamos entendiendo entre los países hispanoamericanos, pero con eso no quiere decir que se utilicen en toda América de habla castellana, además, en cada país hay influencias únicas de sus pueblos originarios.

Existe una buena cantidad de libros relacionados con los modismos chilenos editados en varias épocas, es interesante notar al revisarlos que muchos de los términos se encuentran hoy en el diccionario como *huincha* y *alcayota* (cayote) y otros están desaparecidos como *conocencia*, por conocimiento y *conquibus* para referirse al dinero, derivado del latín *cum quibus "con los cuales"*.

Dentro de las palabras y modismos que usamos actualmente los chilenos hay varios que no califican ni como castellano, ni como términos en alguna lengua originaria. Varios de los términos populares como *bacán* o *yuta*, provienen del habla popular en Argentina conocida como *lunfarda*, que a su vez tiene influencias italianas. Existen otras palabras inventadas que tienen su origen en la similitud de términos o frases de nuestro idioma con palabras del inglés, nombres propios u otras palabras en castellano, en una especie de juego que se ha generalizado. Algunos ejemplos son: *listeilor*, derivado de *listo*, que tampoco es un uso correcto, para referirse a algo acabado, terminado o finalizado. Se basa en la asociación con la actriz Elizabeth Taylor, quien era conocida como Liz Taylor (con sonido "lis teilor"). *Demaikel*, derivado de la frase *de más*, que también requiere de traducción al castellano queriendo decir algo similar a "es muy probable" o "es seguro que", popularizado en la década de 1980 con la aparición de Michael Jackson, *wendy* nombre de mujer utilizado como *weno*, "bueno" en el uso *"póngale wendy"* que significaría algo como "sea más laborioso" o "sea más afanado", *naipe* por "na" (nada), entre otros.

En otras ocasiones los modismos pueden ser frases que tienen significados más allá que la suma individual de cada palabra, similar a los *phrasal verbs* del inglés, los que solo pueden ser comprendidos en el contexto histórico-cultural propio de nosotros, es decir, que solo entienden los chilenos. Es más, algunos de los usos se han ido deformando o utilizando para fines diferentes a los originales demostrando que la evolución del lenguaje está a todo nivel. Algunas frases de uso común son: *hacer la pata, estar trancado, hacer vaca, quedarse con los crespos hechos, mandarse cambiar, hacer la cimarra, ojo al charqui, echarse atrás, estar frito, estar cagao, ser un balazo, al tiro, vuelta de carnero, vuelta de mano, venir de vuelta, agarrar vuelo, de vuelo, echar al agua, por las puras, hacer perro muerto, llevar el amén, patas negras, saludo a la bandera, paga moya, estar a caballo, dejarse caer, llorar la carta, llevar cortito, ser harina de otro costal, hacer la cruz, hacer la chanchá, ser paletiao, hacer una paleteá o una gauchá, vender la pescá, que paja, dar bola, andar aguja, hacer una mosca, así no más...*

Similar a la anterior están las comparaciones que solo pueden ser entendidas luego de una larga contextualización sobre todo al desaparecer el aspecto comparado, algunos ejemplos son: *"más perdido que el teniente Bello"*, *"(curao) como tagua"*, *"como alma en pena"*. Desaparecidos están ya: "(machucado) *como membrillo de colegial"*, *"estar como ajiaco"* y "(saber algo) *como el ave maría"*. Las taguas son aves que habitan lagos, lagunas y humedales en todo Chile, tienen un caminar algo irregular, por lo que se compara con el de las personas en estado de ebriedad.

Otros usos cotidianos de nuestro particular castellano son una especie de contracción, unión de dos palabras, como en: *aer* (a ver), *pal* (para el), *pacá* (para acá), *pallá* (para allá), *dema'po* (de más está decirlo pues). Cambios en el orden de las sílabas como por ejemplo: *cromi* (micro), *tongua* (guatón), *tocomple* (completo), los *brocas* (los cabros: para referirse a "los muchachos"). Y las omisiones de sonidos consonánticos en particular *d,* por ejemplo: *puee* (puede), *finao* (finado), *calmao* (calmado), *aonde* (adonde), *pescao* (pescado), *arrastrá* (arrastrada) *enamorao* (enamorado), *e* (de), etc. Omisiones del sonido b o v, como por ejemplo en: *laar* (lavar), *lea* (leva: usado como *"andar en leva"*), *caeza* (cabeza), *traajar* (trabajar); tenemos también nuestra destacada omisión del sonido s, *"vamo'a lo'heroe'"* (vamos a Los Héroes), *vi'te* (viste), *vo* (vos), *paa* (pasa); y el *oe* (oye: utilizado para solicitar atención). Si aún no lo notan nuestro castellano típico es utilizando el *vos*, como en *"vos sois un buen lector"*, solo que simplemente no pronunciamos las *"s"*, convirtiéndose en *"vo´soi"*. En otras zonas del país se utiliza el *"erí"* en reemplazo del *eres*, por ejemplo, en *"¿tu erí escritor?"* a lo que podría contestar *"no po loca, no paa naipe, me truqueo no ma´"*, apostaría que lo entendieron.

Con respecto a los sonidos *b* y *v* daré una explicación que creo necesaria. Ambas letras (fonemas) tienen una diferencia sutil en su articulación. La *b* logra su sonido articulándose con la boca cerrada, por esta razón se utiliza siempre en grupo consonántico con otras letras de similar articulación como la *m* (boca cerrada) por ejemplo en *embarcar*, *embarazo* o *émbolo* y la *p* como en *empatía* y *ampolleta*. La letra *"uve"* *v* se pronuncia con la boca abierta, es por esto que debe juntarse con otras de similar articulación como la *n*, por ejemplo, en *enviar* y *envase*.

Otros usos típicos son: nuestras particulares *apócopes*, palabra derivada del griego *apokope:*

"cortar", "suprimir", como en: *pa* (para) o *pa, pasa*, en el sentido de ocurre o sucede "*¿qué pa?*" ¿qué pasa?; *na* (nada). Anglicismos populares como por ejemplo el *money* (dinero), *sorry* ("lo siento", utilizado también en lugar del *excuse me*), *cash* (efectivo); y otros significados o acepciones para términos ya existentes como *fuerte* para "rápido", *tapizar* para "vestir"; *terrible* con el significado de "en demasía" como en "*terrible 'e rápido*"; y las variantes que el uso les da a palabras antiguas. Un caso anecdótico es la palabra *sopaipilla*, que los jóvenes nombran actualmente como *sopaipas*, siendo este su sonido original y *sopaipilla* el uso en diminutivo popular hace unos 100 años.

Garabatos

La palabra *coprolalia* proviene de los términos griegos *kopros*: "estiércol" y *lalia*: "hablar", "decir". El concepto hace referencia a la tendencia de expresar obscenidades. Sin embargo es la tendencia patológica, es decir, asociada a algún tipo de desorden mental que lo hace inevitable. Existe también el concepto *lenguaje soez* para referirse al uso de palabras groseras, desagradables y ofensivas.

Personalmente considero que ninguno de estos conceptos expresa lo que hacemos los chilenos cuando usamos un *garabato*, el que difícilmente tiene una connotación de tal gravedad, al menos para quien lo emite, siendo utilizados indistintamente del estado de ánimo, a veces como broma para aligerar la tensión de una conversación o solo como interjección, es decir, como palabras que expresan una emoción o estado de ánimo, como lo que dirían al apretarse un dedo con la puerta del auto.

Un garabato es, como todos sabrán, un…dibujo o signo mal trazado, como por ejemplo los que se encuentran en paraderos, puertas de baños públicos o en las calles de la ciudad, por extensión de utiliza para denominar las palabras con un sentido similar al de estos dibujos.

En Santiago de Chile, los *garabatos* más comunes son: *Hueón*, también escrito *weón* y que a veces es muy bien pronunciado *huevón*. El uso de este término es bastante contradictorio. Hace referencia en particular a las gónadas masculinas, glándulas encargadas de elaborar las células reproductoras que en el caso del hombre son los testículos, palabra que deriva del latín *testiculus* cuyo origen se encuentra en el término *testis*: "testigo" y origina entre otras las palabras *testimonio, testificar* y *testamento. Culus* es un término usado en esta palabra probablemente con el sentido de "oculto" o "cubierto". Los *testículos* se consideran un testigo, probablemente de la virilidad, o la evidencia de que *se es hombre* con todas las connotaciones y representaciones sociales que esto conlleva.

En la antigüedad se acostumbraba la castración en algunos hombres o niños con el fin de generar entre otros, sirvientes que no tuvieran especiales deseos sexuales, útiles para cuidar a las esposas de un rey. Estos hombres recibían el nombre *eunuco* y podían haber sido privados solo de sus testículos a través de golpes o extirpación, o incluir el corte del pene. Por extensión se denominaba *eunuco* a cualquier hombre con rasgos o características femeninas. Los pocos miles de años de historia que tenemos como civilización no han sido suficientes para eliminar este tipo de conceptualizaciones que mantienen en el imaginario colectivo ideas como que el hombre es fuerte y valiente, y la mujer es débil y cobarde.

Las gónadas masculinas se convierten en *testigos* de hombría, en *testículos*, y la falta de ellos se asocia a feminidad que incluye las ideas de falta de valor y fuerza. Esto origina expresiones como *"tener huevos"*, *"tener las bolas bien puestas"*, *"tener cojones"*, *"tener las pelotas* (o bolas) *grandes"*, etc. para indicar que se es osado o valiente. Al parecer en algún momento de la historia, o quizás para personas que no adhieren a estas convenciones sociales, ser osado pudo haber sido considerado una estupidez, ya que los mismos conceptos se convirtieron en despectivos como por ejemplo en los términos *boludo*, *pelotudo* y nuestro típico *huevón*. La masificación de esta palabra la ha convertido en sinónimo de una gran cantidad de conceptos que no pueden ser advertidos si no es por otros componentes verbales y no verbales como pueden ser la entonación, el contexto, gestos, etc. Lo utilizamos con el sentido de *cosa* u *objeto* *"¿dónde dejé esa weá?"*; como sinónimo de *persona* o *sujeto* *"mira a ese weón"*; como pronombre o sustantivo *"mira weón"*, *"el weón"* o simplemente *"weón"*; como sinónimo de enojo, enfado o molestia *"le dio la weá"*; y a veces de forma despectiva o como insulto *"eres muy weón"*. En ocasiones con todos los usos de forma simultánea. *"oye weón, a ese weón le dió la weá, ¿Será weón?"*

Los órganos sexuales masculinos y femeninos son las principales fuentes de términos despectivos, insultos y palabras que buscan la intención de ser groseras. En el caso de la anatomía femenina siempre ha existido una complicación popular para denominar los genitales exteriores. Probablemente esto tenga relación a la falta de visibilidad o a lo lejano que son sus nombres para el común de la gente. Es habitual que se utilice la palabra *vagina* (más conocida) para denominar la *vulva* palabra del latín que significa algo similar a *envoltura* y que corresponde a la cubierta exterior de la vagina. En castellano la vulva ha recibido popularmente muchos nombres, entre ellos me detendré en: *concha* y *chocha* o *chucha*. Ahora respiren profundo. *Conchetumare*, que es probablemente el insulto de mayor calibre que disponemos, deriva de *"conchetumadre"*, *"concha de tu madre"*, y *"ándate a la concha de tu madre"*, frase que expresa la idea "devuélvete por donde viniste", "deshace tu existencia", "regresa a tu origen" o "desanda tu camino". Idea similar tiene la expresión *"ándate a la chucha"*. Algo más suave es la expresión *"ándate a la cresta"* que equivale a la frase, más moderada aún *"ándate a la punta del cerro"*, siendo cresta la palabra (correcta) que designa lo más alto, en particular la cumbre de una montaña o la punta de un cerro. En el caso de los gallos (ave), en lo más alto poseen una carnosidad roja que también se denomina cresta lo que origina la frase *"sacar la cresta"* probablemente en el mundo de las *peleas de gallos*, comunes hasta no hace muchos años. No es difícil notar que se utiliza la palabra *gallo* como sinónimo de *hombre* o *sujeto*, por lo que no es extraño que para expresar la idea *"dos sujetos pelearon"* digamos *"dos gallos se sacaron la cresta"*.

Existen otros términos propios de los chilenos que siendo considerados *lenguaje soez* no tiene el fin de insultar como por ejemplo *pico* en referencia al pene, que se utiliza de muchas formas, *"estoy pal pico"* como equivalente a estar mal. Este uso deriva de la supuesta posición dominante del hombre en la relación sexual, al ser el penetrador y tener un rol activo, en contraposición con la mujer que es supuestamente pasiva y receptora. En el imaginario colectivo ser penetrado o penetrada es símbolo de debilidad y sumisión por lo que la frase *"estar pal pico"* equivaldría a decir "me siento débil" siendo sobre todo una frase utilizada en caso de tener síntomas de alguna enfermedad. *"Me importa un pico"* para referirse a me importa poco y *"pico en el ojo"* que hace referencia a un engaño, timo o vulneración. El resto de sus usos tiene directamente connotaciones sexuales. Si la sexualidad dejara de ser un tema vergonzoso, prohibido o secreto, estas palabras que causan al menos incomodidad en quien las escucha dejarían de tener ese efecto y perderían su valor como insultos o su categoría soez.

Existen otras palabras de uso cotidiano en Chile que atentan a romper con la unidad del idioma. Si rescataron del libro anterior la noción de evolución del lenguaje a través de los años en los diferentes grupos humanos, se habrán percatado que la posibilidad de diferenciación es muy grande. El mejor ejemplo es Europa, analicemos algunos números. Europa tiene una superficie de 10,18 millones de kilómetros cuadrados, una población de 741 millones de habitantes en 50 países diferentes con 24 idiomas oficiales.

Hispanoamérica tiene 19,2 millones de kilómetros cuadrados de superficie, 629 millones de habitantes y 1 idioma oficial. La mayor parte de la antigua Europa tuvo en un momento 1 idioma oficial, el latín, legado por el imperio romano, pero las diferentes tribus dominadas generaron idiomas diferentes mezclando la influencia indoeuropea, nórdica, griega, romana y de un gran número de influencias nacionales particulares como el euskera en el País Vasco. Al romperse la unidad del imperio romano surgieron diversas lenguas llamadas romance, las que siguieron sus propios caminos y evolución con las deformaciones o adaptaciones de los términos como se presentaron en el primer libro, llegando después de 15 siglos a no entenderse entre sí. En estricto rigor hoy se utiliza el término español para denominar el idioma, sin embargo, por preferencia personal me inclino por identificarlo como castellano, aunque el castellano es en origen la lengua romance originaria de la que hablamos hoy.

La américa de influencia castellana tiene solo 5 siglos de existencia. ¿Mantendremos la unidad del lenguaje en 5 siglos más? Como expliqué anteriormente esta es una de las misiones que adoptó la Real Academia de la Lengua Española. Pero me quedan importantes dudas de que sea posible cuando salgo a caminar por las calles de Santiago, o cuando veo las rutinas del italiano Benni quien expresa no haberle sido útil aprender español para venir a Chile. ¿No sé si me cachay? *Cachar* es un uso de algunos países hispanoamericanos que proviene del inglés *to catch*: agarrar, tomar, atrapar, pescar. ¿Lo pescan? Cada país ha ido generando diferentes términos y usos. Para los habitantes de Buenos Aires el *colectivo* es nuestra micro y el nuestro metro es su *Subte*.

Apellidos y nombres

Como mencioné al principio de este libro, la religión debe ser la mayor influencia para la cultura hispanoamericana en general y la chilena en particular, entre otros elementos están los nombres que utilizamos. Es importante considerar que la tradición cristiana tiene elementos de varias culturas, en primer lugar la hebrea, israelita o judía, pueblo originario de Jesús y sus apóstoles, en segundo lugar tenemos la tradición romana, quienes acogieron el cristianismo y lo adoptaron como religión oficial del imperio que cubría gran parte de Europa incluyendo Hispania y en menor medida la influencia griega que por un lado influenció a la romana desde sus comienzos y por otro, fue el idioma en que se escribieron varios libros en la Biblia.

Sin entrar mucho en detalles puedo dar un ejemplo de cada influencia en los nombres más comunes usados en Chile durante el año 2019. Según el registro civil los 5 nombres de mujeres más utilizados fueron: Isabella, Sofía, Agustina, Emilia y Josefa. Isabella es una versión italiana o inglesa del nombre, siendo su versión castellanizada Isabela. El nombre proviene del hebreo *Elisheba* y origina toda la familia compuesta por Elisabeth, Elisa, Lisa, Isa, Eli, Eli-ana, Isabel, Isabela, Issy, Lisbeth, el diminutivo Bety (que también es utilizado en otros nombres como Betsabé) y un largo etc. *Eliseva* fue esposa de Aaron, hermano de Moisés y su nombre significa algo similar a *"dios a ha jurado"*. También de origen hebreo es Josefa, que deriva del sonido hebreo *Yosef*, en griego *Ioseph* y en español *José*.

Agustina es la versión femenina del nombre *Agustín*, derivado de *Augustos*, nombre o apodo que adoptó el primer emperador de Roma llamado Gaius Octavius y que tiene el significado de *"majestuoso"* o *"venerable"*, de su nombre se deriva el nombre del mes *agosto*. Uno de los santos católicos más conocidos es Agustín de Hipona, quien es considerado uno de los más grandes pensadores del cristianismo en el primer mileno. También de origen romano es Emilia, proviene del latín *aemulus* que significa "imitar", derivó en el germano *Emil*, y el francés *Emilé*, convirtiéndose en el inglés *Emily* y el castellano *Emilia*. Sofía, proviene del griego Σοφια, y significa sabiduría, como en *filosofía* "amor a la sabiduría".

En el caso de los hombres los 5 nombres más utilizados en 2019 fueron: Mateo, Agustín, Santiago, Tomás y Benjamín. Benjamín fue el hijo menor de Israel también conocido como Jacob, hebreo que originó al pueblo israelita a través de las tribus formadas por sus 12 hijos, de las cuales sobrevivió sólo la de Judá, cuyos descendientes fueron los judíos, pueblo de Jesús. *Mateo* es una versión castellana del latín *Mattaeus* proveniente del hebreo *Mattathias* o *Mattityahu* que significa "*don de Yahvé*". Mateo es el evangelista que intenta "demostrar" en su evangelio que Jesús era el mesías esperado. *Santiago* es una derivación latinizada de Jacobo, la deformación fue más o menos así: *Jacobo, iakobo, iakob, San iakob, Santiago*. *Tomás* es la derivación del griego *tomah* proveniente del arameo (idioma hablado en tiempos de Jesús) *to am*, que significa gemelo. Existen dos *Tomases* connotados, el apóstol Judas Tomás y Santo Tomás de Aquino, uno de los grandes pensadores cristianos del segundo milenio.

Ahora vamos a los apellidos que es aún más interesante. Si realizan una reflexión rápida notarán que, por lo general, para referirse a alguien solo lo hacen a través del nombre, primer nombre, o apodo. Los apellidos son necesarios sólo cuando es forzoso una mayor especificación, por ejemplo, si alguien me habla en la calle me dirá Julio, si alguien me nombrara en una conversación en la cual ambas personas o el grupo conoce a más de un Julio, especificará Julio Duarte, es algo obvio. Imaginen ahora, los comienzos de la civilización, un grupo de 20 personas que se dedicaban a cazar tendrían que tener muy poca imaginación para repetir en ese grupo algún nombre, por lo que no sería necesaria la existencia de un apellido. Si se juntaran dos tribus y en ambas existiera un *Julio*, podrían utilizar como identificador el nombre de la tribu o el nombre del líder. Por ejemplo, *Julio de la tribu de Leví*, o *Julio del grupo de Gonzalo* o quizás alguna característica mía o la actividad que realizo para identificarme, como por ejemplo *Julio el cazador*, *Julio el escriba* o *Julio el delgado*. Los apellidos no son sino elementos que ayudaron a especificar de qué Julio, Pedro o María se hablaba y tienen, por tanto, su origen en alguna referencia útil ya sea el lugar en donde vive, de quien es hijo o hija, que oficio ejercía, etc.

En relación a un lugar de referencia puedo nombrar como ejemplo los… del campo, del valle, de la vega, de las cuevas, de la fuente, del castillo, del río, de la rivera, de las salinas, etc. que con los años fueron solamente Campo, Valle, Vega, Cuevas, Fuentes, Castillo, Ríos, Rivera y Salinas. También puede relacionarse con la ciudad o pueblo al que pertenecían como por ejemplo Burgos, Córdova, Valencia, de Zamora, Zamora o Zamorano, de León o León, etc.

Si se analizan con tiempo, se darán cuenta que todos los apellidos se basan solo en referencias, quedando más claros si les agregan la preposición *de*, *de la* o la contracción *del* (de el). Como juego puedo probar: del becerro o *becerra*, de las cisternas o *cisternas*, de la *barra* o Barra, etc.

En relación a la ascendencia, es decir para identificar hijos, nietos o descendientes de algún personaje connotado, noble, o simplemente por ser miembros de la familia, encontramos como ejemplo los del grupo o hijos de Fernán o Fernando, de Hernán o Hernando, de Gonzalo, de Rodrigo, Martín, Álvaro, Ramiro, etc. que originaron a los Fernández, Hernández, González, Rodríguez, Martínez, Álvarez y Ramírez. El uso de estos nombres propios para denominar a los descendientes se denomina *patronímico*, palabra derivada del griego *pater, patr*: "padre" y *onuma*: "nombre".

En la edad media los oficios tomaron más fuerza en parte gracias a la aparición de los gremios, asociaciones o conjuntos de personas que compartían una misma actividad. Esto en realidad fue una respuesta al crecimiento económico de ciertos sectores de la población lo que permitió un mayor comercio y venta de productos. Un oficio era algo aprendido en la práctica y traspasado de padre a hijo o de maestro a discípulo. Por lo general, los conocimientos asociados eran muy protegidos y ocultos para el público en general. Dentro de los apellidos derivados de oficios encontramos *Zapatero*, casi inexistente en Chile, pero común en España; *Herrera* de herrero, persona que trabaja el hierro, en la antigüedad eran los encargados de fabricar *herra*mientas y *herra*duras; *Cantarero*, era quien fabricaba cántaros o recipientes; *Pedrero*, persona que trabajaba en una cantera extrayendo piedras o minerales; *Molinero* y su derivación *Molina*, tienen su origen en los molinos, fundamentales para moler el grano y elaborar harina; *Carpintero*, quienes trabajaban con madera; *Verdugo*, persona a cargo de las ejecuciones, etc. Existen también apellidos derivados de las funciones o trabajos en otros ámbitos como el gobierno o la milicia, por ejemplo: Alcalde, Duque, Conde, Merino, Escudero, Guerrero, Ballestero (de ballesta, arma que lanza flechas), etc. Por último, están los apellidos que se basaban en una descripción de la persona Delgado, Alegre, Bueno, Rubio, Blanco, Moreno, Leal, Calvo, Bravo, Hermosilla, etc. Estos orígenes para los apellidos se encuentran en la mayoría de las culturas e idiomas, veamos algunos ejemplos. El término inglés *son* se traduce al español como "hijo", esto genera una larga lista de apellidos derivados como *John-son* (hijo de John), *Jack-son* (hijo de Jack), *Robin-son*, etc. Con otros orígenes encontramos: *Potter*, "alfarero", equivalente a nuestro Alfaro; *Stone*, "piedra", podría ser equivalente a nuestro Pedrero; *Mills*, "molinos", equivalente a nuestro Molina; *Cook*, cocinar; *Rider*, jinete; *Bacon*, tocino, etc.

En países como Rusia o Serbia, la terminación equivalente a *"son"* para los apellidos patronímicos, es decir, que derivan del padre o antecesor, es *ic*, *ov*, *ova*, por ejemplo, los apellidos rusos *Pavlov* o *Pavlova*, *Petrov* o *Ivanov*, son derivados de *Pavlo*, *Petro*, e *Iván*; mientras que los apellidos croatas *Petric*, *Tomasevic*, *Simunovic*, derivan de los equivalentes en español *Pedro*, *Tomas* y *Simón*.

En Irlanda los patronímicos poseen el

prefijo *Mac, Mc* y *O*, como lo vemos en *McDonald, Macbeth, O´Donnel* y *O´Higgins*. Recordemos que Bernardo O´Higgins es hijo de *Ambros Brian O´Higgins*, comerciante irlandés que se instaló en Cádiz-España y que viajó posteriormente a América en donde se integró después de unos años al ejército. Hizo una carrera militar que lo convertiría en intendente de Concepción, gobernador de Chile y virrey del Perú entre los años 1796 y 1801, falleciendo finalmente en 1805.

En su periodo de gobernador de Chile entre 1788 y 1796 se realizaron varias obras importantes, como el camino carretero (para carros) entre Valparaíso y Santiago que permitió mejorar el flujo de los productos que llegaban hasta el puerto, término que origina *carretera* para designar los caminos aptos para el tránsito de vehículos como carretas, carretelas, carros, carruajes, o en inglés *cars*, todos derivados del latín *carrus* que a su vez se originó en el protoindoeuropeo *kers*: "correr". Otro hito importante en su gobierno fue la abolición de la *encomienda* forma de esclavitud en la que los indígenas debían pagar con trabajo los tributos al Rey de España, al ser también sus súbditos.

Ocho años después se su muerte su hijo Bernardo, que no era ni irlandés ni español sino chileno, realizaría la primera acción militar en contra de soldados realistas enviados por el virrey del Perú de esa época, que fue también la primera acción militar de la guerra por nuestra independencia. ¿Qué hubiera ocurrido si el virrey hubiese sido *Ambros*?

La iluminación en la ciudad

Ya atardeciendo es hora de regresar a la casa, de a poco comienzan a encenderse las luminarias públicas, cada una según lo indique su sensor de luz ambiente. Aún recuerdo no hace muchos años, las ampolletas a veces solo de 100 watts en los postes de la zona rural en Santa Cruz, fuera de la casa de mi abuela, con un enjambre de insectos, zancudos y polillas que formaban verdaderas nubes rodeando los postes. Hoy el antiguo camino de tierra está pavimentado, los frondosos árboles a orilla de los caminos fueron arrancados ya no se ven mariposas, polillas ni zancudos y las débiles ampolletas fueron reemplazadas por modernos focos led, que con un tercio del consumo energético iluminan el doble. El cambio no solo fue en el campo. El camino desde Santiago a Puente Alto por Santa Rosa era similar, recuerdo haber visto los paraderos débilmente iluminados separados unos de otros por plantaciones antes de llegar a la casa de mi tía, en una villa rodeada por sembradíos de maíz, hoy irreconocible.

El incendio de la iglesia de la Compañía de Jesús en 1863 tuvo su origen en el sistema de iluminación a parafina del altar mayor. Al momento de encender los fuegos que iluminaban la imagen de la virgen se generó una llama que alcanzó un cortinaje instalado sólo unos días antes, el fuego se propagó rápidamente alimentándose, entre otras cosas, del resto de las lámparas a parafina y velas de estearina que sumaban en total unas 2.000. La historia es ya conocida.

Hasta 1857 la iluminación tanto de hogares como pública era en base a velas, las que en el caso de los espacios públicos aportaban una tenue luz que hacía sentir inseguros a quien se atrevieran a salir de noche. Ante la exigencia de los vecinos la

Municipalidad de Santiago realizó una oferta para iluminar la ciudad. La concesión fue adjudicada a los empresarios José Urmeneta y Maximiliano Errazuriz, uno de los hombres más acaudalados del país quien construyera el palacio Errazuriz hoy embajada de Brasil. En 1857, durante el gobierno de Manuel Montt, junto a la inauguración del Teatro Municipal se inauguraba el nuevo sistema de alumbrado público que llegó a contar con 600 lámparas a gas de hidrógeno en la ciudad, incluyendo la iluminación del primer Teatro Municipal, causante del incendio.

En 1883 algunas tiendas en la plaza de armas comenzaron a iluminarse gracias a un generador eléctrico, iniciándose una "guerra" entre el gas y la electricidad. La última lámpara a gas se apagó por el año 1927, a partir de entonces la electricidad es la fuente de energía principal, primero alimentando ampolletas simples de arco eléctrico y luego sofisticados focos de alta presión de diversos materiales que están siendo completamente reemplazados en nuestros días por los hoy modernos, quizás en 100 años no, focos led.

3. La noche de sábado

Cada ciudad en cada país en cada época configura diferentes formas de esparcimiento que se convierten en una oferta de opciones, al menos a nivel mental, sobre lo que puedo hacer como entretención.

Durante el día mejorar la casa, un almuerzo familiar, visitar el cine, ir de compras, recorrer algún parque o museo en la ciudad pueden ser buenas alternativas. De noche, sobre todo los sábados, salir a comer, ir a tomar algo en un *bar* o *pub* con las amistades, ir a la *disco* o *carretiar* en casa están entre las preferidas de Santiago de Chile.

Comunicación

Aún recuerdo en mi infancia en la comuna San Joaquín, el gran buzón amarillo en donde dejaba las cartas, escribía a programas de televisión y de radio. Entre los pocos recuerdos que tengo está el envío de una carta para inscribirme al club *SALO*, de donde mes a mes recibía cupones para canjear álbumes y sobres gratis. Sobre todo, recuerdo enviar invitaciones de cumpleaños. Uno confiaba en que la comunicación se realizaba, tampoco esperaba ansioso una respuesta, sabía que requerían tiempo.

Años después instalarían un teléfono en mi casa y el comunicarse se hizo instantáneo, era posible conversar horas con un amigo, claro que asumiendo una factura proporcional. Luego llegó internet, ya en 1996 tuve la suerte de iniciarme en la computación y conocí el chat, que se convirtió en una oportunidad para conocer personas más allá del círculo inmediato. Hoy en día a nadie se le ocurriría organizar un carrete enviando cartas, o yendo de visita a la casa de las amistades, ya ni siquiera es necesario conversar. En el wasap basta con escribir a todo el grupo de amistades de forma simultánea y el computador lo llevamos en el bolsillo.

Chat es un término del inglés que designa "conversación" pero de carácter informal, liviana, o familiar. El concepto fue introducido para uso informático en 1996 por AOL, empresa que ofrece casillas de correo electrónico y que en esos años tenía salas de conversación. La evolución de las salas para *chatear*, como fue castellanizado, derivó en el sistema de mensajería a través de software para computadoras como ICQ y el masivo *Messenger*, del inglés que significa "mensajero" lanzado por la empresa *Microsoft* y desaparecido desde 2012. Hoy en día el nombre lo utiliza la aplicación para celulares de Facebook, que es la principal competidora en Chile para el *Whats App*, nombre originado en un juego de palabras que unen la típica frase del inglés *"whats up?"*, en castellano *"¿qué pasa?"*, con la abreviación de "software de aplicación" en inglés *Application software, App*.

En otros países las aplicaciones más utilizadas no son las mismas que en Chile. Habitualmente se tiende a creer, con el impresionante proceso de globalización que vivimos sobre todo en tecnología, que todo el mundo vive en sintonía. En mensajería por ejemplo *WeChat*, *QQMobile* y *Snapchat*, suman unos 2200 millones de usuarios en el mundo. En sistemas operativos para celular *Android* lleva la delantera, pero no es el único, *iOS* de Apple concentra cerca del 40% en Estados Unidos y Australia; en China se está utilizando *YunOS* y la empresa china Huawei, que solo con su versión P10 ha vendido más de 150 millones de teléfonos, está preparando un sistema operativo propio llamado *HarmonyOS*.

Utilizando el avance tecnológico en comunicaciones, podemos organizar nuestra noche de sábado.

Fuera de casa

Para comer, una buena opción son los tenedores libre o *buffet*. El término proviene del francés *bufeter*, tomado por el inglés *buffet* y utilizado en Santiago en este idioma, a pesar de ya estar españolizado como *bufé*. Este término es utilizado en restaurantes que proveen una variedad de alimentos a elección los que se encuentran a la vista del cliente. La palabra *bufé* designa en particular al mueble que exhibe los alimentos, pero por extensión se ha utilizado para denominar a los restaurantes y/o al servicio ofrecido.

Bar es una palabra inglesa que significa *barra*, ambas tienen su origen en el latín *barra*, término utilizado para denominar a un madero horizontal utilizado para afirmar puertas o para bloquear caminos, por extensión de llamo *barra* a cualquier madero extendido como en el que sirven tragos las cantinas y también a cualquier objeto con forma similar, como una barra para hacer ejercicio, una barra de metal, etc. Por reducción se denominó *barra* a las *cantinas*. El término inglés *bar* se utilizó en Chile para designar los espacios en donde principalmente se sirven bebidas alcohólicas, sin embargo, el vocablo se utiliza también para designar el lugar en donde se presentan alimentos en restaurantes como las *barras* de ensalada o *barras* de postres.

Pub proveniente del inglés *public*: "público"

y se deriva de la frase *public house*: "casa pública", especie de bar, barra, cantina o taberna, en donde se procura un ambiente más acogedor, casi siempre con algo de música ambiental y que a veces se presentan con una decoración más acabada, "como en casa". *Disco pub*, son lugares que además agregan una pista de baile.

Discoteca es el nombre utilizado para designar una colección de discos, como biblioteca es de libros. Los discos de vinilo fueron el medio más popular de almacenaje y reproducción de música durante el siglo XX. Reemplazaron al antiguo cilindro fonográfico que puede encontrarse hasta el día de hoy en las cajitas musicales. El sistema del disco de vinilo corresponde a un pequeño grabado (tallado) de la superficie, el que se hace pasar por una ajuga que transmite las vibraciones a un micrófono. La música y los sonidos en general son vibraciones mecánicas del aire, el disco de vinilo al hacer vibrar directamente el aire tal como si fuera un instrumento musical o la voz, genera el sonido basado en el mismo principio, es decir su funcionamiento es *análogo*. A mediados del siglo XX hicieron aparición las cintas magnetofónicas que eran capaces de almacenar música en base a partículas magnéticas que quedaban grabadas en una cinta y eran reproducidas al hacerlas rozar en un sensor. Con los años las cintas se hicieron populares y fueron almacenadas en cajas plásticas llamadas *cassette* en francés, término diminutivo de *casse*: "caja", en castellano adoptó la forma *caset*. Con los avances en la computación hicieron aparición los discos compactos que, a diferencia de los discos de vinilo, guardaban información utilizando códigos binarios (explicado en el libro anterior), los que son interpretados por un procesador. Estos discos ya no tenían un funcionamiento análogo, sino digital (con unos y ceros).

El término *discoteca* como colección de discos fue utilizado primero en Italia. En Francia el término se transformó a *discothèque* y fue usado para designar los lugares en donde se reproducía música para bailar, desde ahí la adoptó el vocablo inglés sin la tilde en los años 1960 y que fue conocida en Chile, por la gran influencia de los Estados Unidos en nuestra cultura actual.

En la discoteca se originó uno de los estilos

musicales más populares, sobre todo desde comienzos de los años 1980.

Estilos musicales escuchados en Santiago

En una discoteca por lo general hay una persona encargada de realizar mezclas con la música (en inglés *mix*) para lograr una reproducción sin interrupciones, este encargado de "mezclar los discos" se denomina en inglés *disc jockey* término que también se utiliza en español y que puede ser abreviado como *Dj* con sonido "di-yei". Otro personaje que se puede encontrar en una discoteca es el *maestro de ceremonias*, que puede ser abreviado MC y que micrófono en mano es el encargado de animar la fiesta (como MC Hammer, búsquelo en YouTube)

Los años 1970 fue la época en que se masificaron las discotecas, los DJ acostumbraban alargar las canciones para darle un fondo al *maestro de ceremonias* quien animaba la fiesta realizando rimas sobre la música, originando el estilo de canto llamado *rap*. A partir del rap surge una serie de elementos culturales asociados, principalmente en barrios populares de los Estados Unidos en donde se convierte en una forma de expresión de la juventud, quienes pueden realizar creaciones libres sobre cualquier música ya existente acompañado de baile y arte callejero a través del *grafitti*. Es el origen del *hip hop*, palabra que designa al conjunto de elementos culturales asociados. *Grafitti* es un término derivado del griego *graphein* y fue utilizado por primera vez para los hallazgos de dibujos e inscripciones en paredes de la época romana con un carácter más cercano a la sátira o crítica, que al arte.

El hip hop entregó herramientas para que muchos jóvenes se expresaran de forma artística aún sin tener los recursos económicos asociados. La adquisición de instrumentos musicales ya no era necesaria, bastó solo con utilizar un equipo de doble casetera y extraer secciones de otras canciones para mezclar una base musical que permitiera improvisar sobre ella, proyectando sueños e inquietudes. Si el Rock and Roll fue la primera manifestación propiamente juvenil de la historia, la música se democratizó definitivamente con el hip hop. Personalmente tengo el privilegio de conocer a uno de los exponentes más importantes en Chile, mi amigo, compañero de liceo y docente, de nombre artístico Cevladé.

Hace algunos años mientras finalizaba mis estudios pude conocer más a fondo la población La Legua, y ahí escuchar a los hiphoperos Legua York, quienes a través de la música retratan la realidad de la población y las inquietudes de la juventud con la particular visión del mundo que les genera su medio.

Existen dos fuentes principales para la música que escuchamos en Santiago de Chile, y ambas tienen dentro de sus orígenes la música africana y la influencia colonial. Durante los siglos XVIII y XIX existió legalmente un importante comercio de esclavos hacia América, la mayor parte de ellos llegaron a lo que hoy es Brasil, otros tantos a Centroamérica, trabajando en las plantaciones de caña de azúcar y otro grupo a los Estados Unidos.

Los esclavos llevados a Estados Unidos recogidos en correrías por la costa de África, pertenecían a diversas tribus y hablaban diversos idiomas y dialectos locales. Fueron arrancados de su mundo y llevados a servir a los campos de algodón en el sur de ese país. Los amos se hacían cargo de los esclavos, así que además de azotarlos, encadenarlos y en ocasiones cortarles un pie para evitar que huyeran corriendo, también debían alimentarlos y algunos afortunados eran designados al servicio de las casas en donde tuvieron la oportunidad de conocer el cristianismo.

Los esclavos al conocer la biblia se encuentran con una historia de sufrimiento y esclavitud, pero también de esperanza y liberación con la que evidentemente se sintieron identificados. La religión se convierte de esta forma en una liberación espiritual y un factor de unión entre todos los esclavos, de diferentes orígenes, pero con problemas y sueños en común. En los campos de algodón mientras trabajan comienzan a escucharse oraciones y cantos que utilizan los ritmos heredados de áfrica.

Ya en el siglo XVIII, sobre todo luego de la abolición de la esclavitud en todos estados en 1865, surgen en los Estados Unidos cientos de iglesias pentecostales en los que estos himnos toman forma denominándose *góspel*, término que deriva de *godspel* o "palabra de dios".

La integración de instrumentos y variantes musicales derivaron en la aparición del *blues* en la década de 1870 en el sur de Estados Unidos. El término no tiene un origen determinado claramente, pero en la época se utilizaba para designar "melancolía" o "tristeza". El *blues* se caracteriza por una estructura repetitiva y la integración en la escala pentatónica (5 notas) de una nota extra que le otorga el sonido típico. Para escuchar: Muddy Waters *"I'm your hoochie coochie man"* y BB King *"The thrill is gone"*, Mississippi John Hurt (blues y folk) *"Coffee blues"*.

Algunas variantes de la música generada por el pueblo norteamericano, independiente de la ascendencia, se denomina *folk*. Este vocablo proviene de *folklore*, unión de los términos *folk*: "pueblo" y *lore*: "saber", concepto creado por el escritor británico William John Thoms para designar el conjunto de elementos culturales de origen y carácter popular y tradicional, entre ellos la música.

El *jazz* es un estilo nacido de la influencia del blues, puede considerarse un blues instrumental enriquecido con elementos musicales europeos. Este estilo es conocido popularmente como *"la música de los músicos"* ya que contiene elementos muy apreciables en técnica y composición que los hacen valorable sobre todo para quienes tienen conocimientos de teoría musical. Una de sus características principales es el uso de la improvisación. Para escuchar: Dave Brubeck *"Take Five"*, Miles Davis *"So what"*.

Otro estilo derivado de la música "negra" de la segunda mitad del siglo XIX es el *Rithm and Blues*. Más que un estilo, es el nombre que se le dio a los *race records* (discos de raza) para evitar terminología racista. Ya hacia mediados del 1900 los diferentes estilos habían evolucionado y se había enriquecido de forma importante. Se consideran entre sus orígenes todos los nombrados anteriormente, y es la base de la mayoría de la música popular (pop) actual de origen estadounidense y europeo que se escucha en Chile. Para escuchar: Fats Domino *"Blueberry hill"*, Beyonce *"Halo"*.

El *soul* (del inglés: *alma*) surgió a finales de la década de 1950. Derivado del *rithm and blues* se caracteriza por la "llamada y respuesta" entre el cantante y el coro. Para escuchar Aretha Franklin *"I say a little prayer"*, Ray Charles *"Hit the road Jack"*. The Temptations *"My girl"*.

No solo de los descendientes de esclavos se generaron estilos musicales en Estados Unidos. De la música *folk* de la costa este, que recibió influencia de inmigrantes europeos, se originó el estilo *country* o la música del "país". Deriva de la mayor parte de la tradición musical norteamericana, canciones de vaqueros, en inglés *cowboys* (*cow*: "vaca"), baladas inglesas, música celta, etc. Para escuchar: Creedence Clearwater Revival *"Bad moon rising"*, *"Proud Mary"*, Taylor Swift *"Our song"*.

Con influencia de los ritmos anteriores, nace a principio de la década de 1950 un nuevo estilo, un nuevo enfoque basado en una mayor fluidez y ritmo. Su nombre es *rock and roll*, término que había sido utilizado en tres canciones durante la década de 1940 y que fue popularizado como nombre del estilo por el encargado de seleccionar música en una radioemisora o *disc jockey*, Alan Freed. El mejor ejemplo en el cambio de estilo se aprecia en la canción *"That´s all right"* de Arthur "Big Boy" Crudup, grabado poco tiempo después por Elvis Presley, recomiendo escuchar ambas canciones. Una de las características importantes del *rock and roll* y que lo diferencia de los estilos cantados anteriores, es que su principal fin es entretener, las letras de las canciones son secundarias al ritmo apareciendo frases del tipo *"Tu sacudes mis nervios y agitas mi cerebro… Le voy a decir a este mundo que eres mía, mía, mía, mía"* o el conocido *"A bopbopaloomopalopbopboom"* de la canción *Tutti Frutti* de Little Richard. ¿Qué significa?, ¡que importa!, la canción es para bailar. Los términos *rock* y *roll* eran utilizados para denominar dos movimientos de baile con la cintura, *rock*: adelante y atrás… y *roll*: circular o lateral. También destaca el hecho de aparecer "blancos" cantando ritmos "negros". Para escuchar: Chuck Berry *"Johnny B good"*, Jerry Lee Lewis *"Great balls of fire"*.

El *rock and roll* es el antecedente directo de un gran número de estilos que en su conjunto se denominaron *rock*. En la década de 1960 surgió el *rock psicodélico*. Esta música busca emular las sensaciones derivadas del uso de drogas alucinógenas con la incorporación de efectos de sonidos a través del uso de sintetizadores. Existen varios conjuntos musicales con elementos de este estilo sin que sea posible enmarcarlos exclusivamente en él. Para escuchar: The Doors *"light my fire"*, Pink Floyd *"Echoes"*. También en este estilo que a veces se denomina *rock experimental*, surgió el *space rock* o *rock espacial*, inspirados en la carrera espacial entre USA y la URSS, con letras y sonidos relacionados al hombre en el espacio. Para escuchar: Hawkwind *"Silver machine"*, Pink Floyd *"Let there be more light"*.

Las versiones de *rock experimental* que se caracterizan por la complejidad en sus composiciones y que buscan más la calidad que la popularidad se denominan *rock progresivo*. Para escuchar: King Crimson *"In the court of the crimson king"*, *"frame by frame"*, Kary *"Champion"* y los chilenos Tryo *"Fuenteovejuna"*, probablemente uno de los mejores grupos de este estilo, Pink Floyd *"Dark side of the moon"* y Rush *"Tom Sawyer"*.

Otro estilo derivado del rock and roll es el *hard rock*, algo más "duro" (en inglés *hard*). Dos canciones se consideran las primeras expresiones de este sonido más "violento": "*You really got me*" de la banda The Kinks y "*Helter skelter*" de The Beatles. Otros para escuchar: Led Zeppelin "*rock and roll*", Deep Purple "*Highway star*", Guns N´Roses "*You could be mine*".

Descendientes del hard rock surge el *heavy metal* o "metal pesado". Con ritmos potentes, mucha distorsión en las guitarras, pero con influencias de música clásica principalmente en la composición, el canto similar al lírico (de opera) y guitarras que se asemejan a veces a violines o al conjunto de cuerdas de una orquesta sinfónica. En Deep Purple vemos claramente el origen del estilo con la canción "*Burn*" aunque al vocalista Ian Gillan no le acomoda mucho que lo integren en este estilo. Para escuchar: Iron Maiden "*The trooper*", Metallica "*Master of pupptes*"

Del *heavy metal* derivan algunas versiones de…*metal* como el *metal progresivo*, es decir experimental, enriquecido, etc. destacando el grupo

Dream Theather, para escuchar: "*The Dark Eternal Night*". El *power metal* que profundiza aún más la influencia de la música clásica, para escuchar Helloween "*I want out*", Stratovarius "*Black Diamond*". El *nu metal* que nace del *rap metal* como el de Rage Against the Machine "*Killing in the Name*", y los sonidos crudos de *Groove Metal* como en Pantera "*Walk*", el producto se aprecia en System of a Down "*Chop suey*".

Imitando el repetitivo sonido de las máquinas en una fábrica nace el *rock industrial* que origina el *metal industrial,* aunque los límites entre uno y otro son poco claros, para escuchar: Ministry "*N.W.O*", Marilyn Manson "*The beautiful people*". Finalmente, dejando varios de lado, el *metal gótico* inspirado en temas oscuros, vampirismo, tristeza, etc. se caracteriza por contar con interpretes femeninas, en particular que logren registros de voz altos (agudos), para escuchar Evanescence "*Bring me to life*".

Las influencias de todos los estilos no son únicas, los grupos musicales son los que crean algo nuevo en base a la música que escuchan sus miembros por lo que tampoco se puede considerar que existe una generación lineal en los diferentes estilos, ni que la música de un grupo se inscribe solo en uno. Si bien Europa y el resto de América conoció la música norteamericana desde principios del 1900, es desde el *rock and roll* que la influencia de se extendió de forma importante por el mundo. Así encontramos un gran número de bandas con estos estilos provenientes del Reino Unido (Inglaterra, Escocia, Gales e Irlanda del Norte), que ocupa por completo Gran Bretaña (isla). También de origen europeo, en particular alemanes, son algunos de los más importantes representantes del *metal*. Solo por nombrar algunos ejemplos.

En la década de 1950 en la ciudad Kingston, Jamaica, la influencia musical norteamericana produjo la aparición de algunas bandas musicales que experimentaron con los estilos. En una sesión de ensayo el guitarrista Jah Jerry intentó una variante marcando el segundo y cuarto compás. El ritmo generado será llamado hasta nuestros días *Ska*, el que se caracteriza por su rapidez. Con el tiempo, nuevamente mezclando diferentes influencias, pero por sobre todo partiendo de un *ska* mucho más lento, nacería el *reggae*, abreviación del término *reggamuffin*: "harapiento". Para escuchar: *ska* Jimmy Cliff *"Ska all over the world"* y Los Fabulosos Cadillacs *"Yo te avisé"*; reggae: Bob Marley and the Wailers *"Jamming"*.

También en Jamaica se originó el estilo *dub*. A partir de la experimentación con el *reggae* se originó este tipo de remezcla que remarcaba los bajos y la batería, agregando efectos como eco y reverberación. También es antecedente del *hip hop*. Para escuchar: King Tubby *"Murderous dub"*.

A mediados de la década de 1960 en USA, la fusión de estilos generó el *Funk*, que se caracteriza por el predominio del instrumento musical "bajo" y los cortes secos y repetitivos de las guitarras. Para escuchar: Wild Cherry *"Play that funky music"*, Kool & the Gang *"Get down on it"*, Commodores "Brick House".

Del rhythm and blues, soul, funk, entre otros se genera un estilo de música bailable que se populariza en la década de 1970 en las discoteques, llamado… *"música disco"*. Para escuchar: Bee Gees *"Staying Alive"*, Disco Inferno *"The Trammps"*. La transición de la música disco, funk y otros similares al hip hop mencionada anteriormente es fácilmente apreciable en la canción *"Rapper's delight"* del conjunto The Sugarhill Gang, misma que apenas puede tararear el drogado Diego en la canción *"Aserejé"* de Las Kétchup.

En Puerto Rico, con la influencia del hip hop y el estilo rap de la década de 1980 sumada a los ritmos de reggae y ska provenientes de Jamaica, aparece Vico C, nombre artístico de Luis Lozada Cruz, quien rapea sobre bases de ska lento o reggae rápido, un punto intermedio, lo que se conocería como *reggaetón*. Para escuchar: Vico C *"La vecinita"*. Actualmente están incorporando también sonidos electrónicos como en Danny Ocean *"Me rehúso"*.

Con influencias de rock and roll, hard rock y ska, nace en Inglaterra durante la década de 1970 el *punk rock* o simplemente *punk*. Se caracteriza por la gran velocidad de interpretación instrumental, guitarras muy distorsionadas y una composición simple. Para escuchar: Ramones *"I wanna be sedated"*, Pennywise *"Fight till you die"*, NOFX *"Linoleum"*. Una variante más dura y con letras con mayor crítica social (que ya se ven en el punk) es el *hardcore punk* o simplemente *hardcore* que a su vez tiene dos variantes, una melódica (más suave) y otra más "cruda". Para escuchar No Use For a Name "*Daily Grind*", "*Untill is gone*"; Los Crudos "*Migra violenta*".

Con mayor incorporación de teclados, aparece en la década de 1970 el *new wave* la "nueva onda" moderando y suavizando el *punk rock*. Para escuchar: Talking Heads "*Psycho killer*", Blondie "*Heart of Glass*", "*One way or another*"

El uso de sintetizadores se haría más importante en la década de 1980 apareciendo en Chicago el estilo *house*. Para escuchar Jamie Principle "*Your love*", Adonis "*No way back*", Daft Punk "*Get lucky*". El *house* unido al rap origina el *Hip house*, para escuchar Technotronic "*Pump up the jam*". Ya sin estructura típica de una canción, sino que utilizando sonidos electrónicos de forma repetitiva para el énfasis en el baile aparece el *Techno*. Para escuchar: Underworld "*Born slippy*". Siendo secundaria la letra y principal la música repetitiva para bailar aparece el estilo *Dance*, para escuchar: Surgeon "*Muggerscum out*".

Con influencias de hard rock, rock alternativo y punk entre otras, nace a fines de la década de 1980 en Seattle – USA el *grunge*, que se caracteriza por intercalar sonido potente con secciones más melódicas y letras con crítica social, algo depresivas. Para escuchar: Alice in Chains *"Man in the box"*, Nirvana *"Lounge act"*, Soundgarden *"Pretty Noose"*.

Dejando de lado la distorsión en las guitarras que se había apoderado de la música desde la década del 1950, en los 1980 se retoma la guitarra con sonido limpio o incluso guitarras acústicas en variados estilos derivados que en su conjunto se conocen como *jangle*. El término proviene de la frase *"In the jingle jangle morning i´ll come followind you"* que se traduce como "en la mañana de jingle jangle vendré a seguirte" que aparece en la canción *"Mr Tambourine man"*de Bob Dylan. *Jingle jangle* es una expresión que hace referencia a *tintinear*. Para escuchar: REM *"Loosing my religion"*, The La´s *"There she goes"*, James *"Say something"*, The Sundays *"Here´s where the story ends"*, The Cure *"Friday i´m in love"*, The Church *"Under the milky way"*, The Smiths *"There is a light that never goes out"*, Duncan Dhu *"A un minuto* *de ti*", Bob Dylan "*Mr Tambourine man*", The Beatles "*I need you*", Hootie & The Blowfish "*Only wanna be with you*".

Los estilos populares del folclor hispanoamericanos también comienzan a exportarse durante el 1900. A partir de los años 1930 comenzaron a escucharse en Chile y en la capital diferentes ritmos tropicales en particular de origen afrocubano, que marcarían el inicio de la popularización de estilos como el mambo, chachachá, rumba, bolero, marcha, entre otros. Esta época sería coronada con la visita de *Leuconan Cuban Boys* exitosa orquesta que se presentó en diferentes países de Europa y América incluyendo Chile. La revolución cubana entre los años 1953 y 1959 limitó el flujo de músicos cubanos a Sudamérica lo que favoreció en cierta forma el surgimiento de una serie de orquestas de música tropical en Chile. En 1954 se formaba una banda con integrantes civiles y militares que por 60 años marcaría la tendencia en música bailable, *La Cubanacán*. En 1957 su vocalista deja el grupo y es reemplazado por Roberto Fonseca, más conocido como *Pachuco* pasando la banda a denominarse

"*Pachuco y la Cubanacán*" quienes tuvieron una nueva época de éxito en los años 1980. Para escuchar: "*El africano*". Entre 1954 y 1964 permaneció activa la *Orquesta Huambaly* quienes interpretaron diversos estilos. Aún están en la memoria de Santiago canciones como "*Que me coma el tigre*", interpretada hoy en día por Chicho Trujillo, "*Corazón de melón*" y "*Arroz con palito*". En 1953 el pianista argentino Tomás Di Santo forma el conjunto *Los Peniques*. Fueron desde 1955 la orquesta estable del *Hotel Carrera*, teniendo en su repertorio diversos ritmos tropicales como rumba, mambo y chachachá entre otros. Su eslogan era "*ritmo y juventud*", nombre que adoptan desde 1958 al cambiar su formación original integrando, entre otros, al baterista Arturo Giolito. En 1962, iniciaba su carrera Patricio Zúñiga con apariciones Radio Agricultura, al año siguiente se convertiría en el nuevo vocalista de *Ritmo y Juventud* hasta su salida en 1964, lo que marcaría la definitiva de la banda. Arturo Giolito formaría 3 años después, en 1968 el grupo "*Giolito y su combo*" siendo también por cerca de 28 años el percusionista del programa de televisión *Sábados Gigantes*, en la orquesta dirigida por el pianista

Valentín Trujillo, conocido también como *"el tío Valentín"* en el programa de televisión *"El mundo del Profesor Rosa"*.

En 1964, en medio de la invasión de ritmos norteamericanos como el rock and roll y la *nueva ola*, aparece un álbum que marcaría el comienzo en la historia de la *cumbia chilena* llamado *"Explosión en Cumbias"*. El conjunto que lo interpreta se originó en una familia de 14 hermanos de Quinta Normal, quienes por influencia paterna estaban obligados a aprender música. Uno de ellos, Marty Palacios, era interprete de violín llegando a estudiar en el conservatorio de la Universidad de Chile. Sin embargo, siempre supo que lo suyo era la música popular, por lo que junto a sus hermanos y algunos amigos formaron en 1962 la *Sonora Palacios*. El primer disco incluye una cumbia del conjunto argentino *Los 5 del ritmo*. Al día de hoy casi 40 años después es muy difícil encontrar a alguien que no la haya escuchado, la canción es *"El Caminante"* y el disco se convierte en éxito inmediato. La voz que se escucha en este disco es de Patricio Zúñiga, quien luego de dejar *Ritmo y Juventud* se convirtió en el nuevo vocalista de la *Sonora Palacios* utilizando el nombre artístico que le habían dado en *Los Peniques*, "Tommy Rey". Permanecería hasta el año 1982 cuando junto a otros "no Palacios" se separan para formar la *Sonora de Tomy Rey*.

A partir de la *Sonora Palacios*, la cumbia *chilena* ha sido un invitado infaltable en la música bailable que se escucha en la ciudad, sobre todo en las celebraciones de año nuevo. Sin embargo, aún no estamos tan lejos como para no rescatar las diferentes orquestas que sobre todo en la década de 1950 animaban los locales con mambo, rumba y otros ritmos tropicales.

Los ritmos hispanoamericanos nacen como fusión entre la música escuchada durante el periodo colonial y las influencias locales tanto de pueblos de pueblos originarios como también de la música africana aportada por los millones de esclavos que llegaron al continente. En cuba esta fusión genera el *son cubano*, para escuchar: Buena Vista Social Club "*Chan chan*", mientras que, en Colombia, entre los *habitantes del valle, los nacidos del valle o los del valle natos*, aparece el *Vallenato* caracterizado por la mezcla de percusión de influencia africana (caja vallenata) y el acordeón, para escuchar Binomio de Oro "*La creciente*", Carlos Vives "*La tierra del olvido*". En República Dominicana la influencia africana está en la tambora (tambor de dos parches) y de la colonia española nuevamente el acordeón, en este país se genera el *merengue* que fue interpretado por varias orquestas en nuestro país en donde se reconocen las canciones de Wilfrido Vargas "*Abusadora*", "*A mover la colita*", entre otras. Principalmente a partir del son cubano y en general con influencias de varios estilos tropicales nace la *salsa* a mediados del siglo XX, para escuchar Héctor Lavoe "*El cantante*", Marc Anthony "*Valió la pena*".

Música chilena

La música chilena actual recoge una gran cantidad de influencias lo que permite por una parte, reconocer claramente los estilos de música en algunas composiciones y por otra, reconocer que la mayoría no puede adscribirse a ninguno en particular. Los músicos chilenos logran una fusión de elementos que generan algo nuevo y propio, no solo adoptando modelos importados, sino además agregando sonidos de nuestro propio folclore latinoamericano que se suma a la creatividad musical de los diversos artistas. Tenemos por ejemplo el conjunto *Congreso* que mezcla elementos de Jazz y…todo lo demás para crear el estilo de *congreso*, que difícilmente puede encontrar un similar. Para escuchar: Congreso *"En todas las esquinas"*, *"El baile de todos"*. Otros ejemplos en la producción nacional son:

Cumbia: Chico Trujillo, Juana Fe; *Funk*: Los Tetas, Mama Soul, Chancho en Piedra; *Hip Hop*: La pozze Latina; *Jazz*: Fulano, Ángel Parra Trío; *Metal*: Criminal, Pentagram, Lacraria; *New Wave*: Los Prisioneros, La Ley, Lucybell; *Punk*: Machuca, Fiskales Ad-Hoc, Peores de Chile, Los Mox, Los Miserables; *Reggae*: Gondwana; *Rock*: los Tres, La Rue Morgue, Los Bunkers; *Ska*: La Floripondio; *Soul*: Ania Ivannia, De Kiruza; entre otros.

Ninguno puede ser enmarcado en un solo estilo, a veces un mismo disco presenta canciones de varios y en otras la fusión los hace inclasificables. Dentro de los resultados más interesante en fusión están: Los Jaivas (P.E. *"Sube a nacer conmigo hermano*"), Carlos Cabezas (P.E. "*Lo mejor de ti*"), Joe Vasconcellos (P.E. "*La joya del pacífico*"), entre otros.

Ya de madrugada es posible sacar una guitarra y canturrear algo de otros estilos.

Durante la edad media existieron hombres y mujeres que se dedicaban a recitar poemas, por lo general acompañados de instrumentos musicales como flauta, lira y guitarras entre otros, recibieron el nombre de trovadores. En cuba después de la revolución de 1950-60 nació un movimiento que se identificó a sí mismo como la *Nueva Trova Cubana*. Sus "integrantes" buscan ir más allá de la trivialidad de las canciones comunes, componiendo verdaderos poemas de gran calidad musicalizados, para escuchar: Silvio Rodríguez "*Oleo de mujer con sombrero*", Pablo Milanés "*El breve espacio en que no estás*". También este movimiento incorpora letras más politizadas, para escuchar: Silvio Rodríguez "*Santiago de Chile*", Pablo Milanés "*Yo pisaré las calles nuevamente*". La *nueva trova cubana* fue parte de una revitalización de la música folclórica en los diversos países latinoamericanos. En Chile se reflejó en el fenómeno denominado *Nueva Canción Chilena* que incluye autores como Violeta Parra (P.E. "*La Jardinera*"), el Conjunto Cuncumén que contaría con la voz de Rolando Alarcón (P.E. "*Si somos americanos*") y Víctor Jara (P.E. "*Vientos del pueblo*"), bajo la guía de Margot Loyola (P.E "*Que sacarán con querer*"). Otras voces características de este movimiento son Patricio Manns (P.E. "*El cautivo de Til Til*" dedicada a Manuel Rodríguez), Quilapayún (P.E. "*La muralla*"), Inti Illimani (P.E. "*Tatati*"), Illapu (P.E. "*Volarás*"). La mayoría de estos autores fueron compositores y recopiladores de canciones tradicionales chilenas y latinoamericanas.

Otros representantes de este movimiento latinoamericano son: en Argentina Cesar Isella (P.E. "*Canción con todos*"), Mercedes Sosa (P.E. "*Todo cambia*"), Víctor Heredia (P.E. "*Razón de vivir*") Antonio Tarragó Ros (P.E. "*La vida y la libertad*"), León Gieco (P.E. "*Solo le pido a dios*"); y en Brasil Chico Buarque (P.E. "*Construcción*", "*Que será*"). Entre muchos otros.

Con el golpe de estado el año 1973 la mayor parte de los artistas chilenos de estos movimientos son perseguidos, Víctor Jara incluso es acribillado, otros partirían al exilio. Durante los años 1980 el sello discográfico *Alerce* comienza a editar una serie de discos de nuevos autores, muchos de ellos compartían escenario en una cafetería de la comuna Recoleta llamada *"Café del Cerro"*. De esta época destacan: Eduardo Peralta (P.E. *"El hombre es una flecha"*), Schwenke y Nilo, de Valdivia (P.E. *"Lluvias del sur"*), Oscar Andrade (P.E. *"Noticiero crónico"*), Sol y Lluvia (P.E. *"En un largo tour"*, *"Desde la oscura tiniebla"*) y Santiago del Nuevo Extremo (P.E. *"A mi ciudad"*, *"Simplemente"*, *"Homenaje"*, *"La mitad lejana"*), entre otros. Esta renovación recibió el nombre *Nueva Canción Chilena.*

Creo haber cubierto gran parte de la música que escuchamos hoy en Santiago de Chile, pero es muy probable que deje fuera a muchos importantes.

Ya de madrugada mientras aún está de noche es hora de bajar la intensidad o volumen de la música y conversar mirando las estrellas, probablemente con un cigarro. (Fui fumador, una de las mejores cosas que me ha pasado fue dejar el tabaco)

El cigarro

El tabaco es propio de América y no fue conocido por Europa y el resto del mundo hasta el descubrimiento en 1492. Entre los pueblos indígenas tuvo múltiples usos entre los que se cuenta como parte de rituales dedicados a los dioses y fines medicinales ya que *"tomado en humo es provechoso para los reumas, asma y tos…y lo traen en polvo en la boca los indios para no sentir el trabajo"* además *"quita dolores causados de frío"*, para *"dolores de cabeza molido en polvo por las narices y lo beben* (los indios) *en zumo como purgante"*, según un libro escrito por Antonio de Herrera en 1601.

El consumo en forma de humo se popularizó entre los conquistadores rápidamente. En 1530 ya se cultivaban en España desde donde fue introducido a Portugal por Jean Nicot, embajador de Francia en ese país, quien además envío algunas plantas a París. Al regresar a su país y con las supuestas virtudes medicinales que el tabaco poseía, no dudó en recomendarlo a la madre del rey para curar sus constantes migrañas, tuvo éxito convirtiéndose en celebridad. Por su apellido se llamó a la planta *Nicotiana tabacum* y *nicotina* al alcaloide. Actualmente es la 3º droga más adictiva después de la cocaína y la heroína.

Las estrellas

Hace unos años tuve la oportunidad de viajar a Chicago en U.S.A y visitar el *Adler Planetarium*. Al ingresar el ticket me daba el derecho a escoger tres actividades, trámite que no tenía contemplado. Con mi insuficiente manejo del inglés para temas estelares, indiqué con el dedo las elegidas, acerté en dos, pude ver interesantes videos de la formación del espacio y una película de dinosaurios en 3d. La tercera actividad era una guía del cielo nocturno con un especialista que enseñaba a reconocer las estrellas de noche. Si bien aprendí a reconocer varias constelaciones y estrellas como *polaris* o estrella polar y la constelación *osa mayor*, me percaté que nunca las había visto en el cielo de Santiago por lo que regresando a Chile lo aprendido no me sirvió de mucho, aunque pude comprobar que no en todo el mundo vemos el mismo cielo y en particular, que la luna en el hemisferio norte *está al revés*.

En un comienzo el *universo* conocido por el hombre era lo que podía ver a simple vista, las estrellas giraban alrededor de la tierra, el sol y la luna se relacionaban con el día y la noche. Ciertas estrellas tenían movimientos errantes en el firmamento, más tarde serían nombrados planetas, mientras que otros fenómenos como los cometas eran manifestaciones divinas. El término *planeta* proviene del griego *planetes* que significa "errante", mientras que universo proviene del latín *unus*: "un" y *versus*: con la idea de "dar vuelta", "vaciar", "verter". El concepto *universo* tomo su forma actual en el mismo latín con la idea de "todas las cosas", "todas las personas", "todo junto", básicamente *la totalidad de lo que existe.*

El hombre primitivo desde su aparición en la tierra observó lo que lo rodeaba, la historia del conocimiento del universo se remonta a los primeros observadores que dentro del caos de la noche y el día encontraron regularidades en el firmamento. Las estrellas, el sol y la luna se desplazaban frente a nuestros ojos y por las noches, las estrellas cambiaban según cada época del año. La imaginación les dio formas conocidas que recibieron nombres, se le llamaron en conjunto *constelaciones*, término proveniente del latín *constellationis* "posición de los astros".

Los cambios en las constelaciones se asociaron a las estaciones del año y el cielo se convirtió en un reloj que permitía predecir las épocas de sembrado y cosecha. Más interés en la observación de los cielos se produjo con la aparición de la creencia que las estrellas influían en el destino de la humanidad lo que aún vemos en los horóscopos, término formado por el griego *hóro*: "hora" y *skopein - skopos*: "observar", originado en la creencia de poder extraer significados de la hora en que nacían las personas.

Con la evolución de las civilizaciones la observación y sobre todo la reflexión progresaron. Aristóteles, filósofo del siglo IV A.C. en la antigua Grecia, imaginó a la tierra el centro del universo. Esta idea fue compartida en el siglo primero por Klaudius Ptolomaios castellanizado Claudio Ptolomeo, también griego, quien logró predecir el comportamiento de los planteas en forma lógica pero inexacta a través de la matemática. Tuvieron que pasar diez siglos para que se perfeccionara esta teoría. En el siglo XVI el polaco Niklas Koppernigk, castellanizado Nicolás Copérnico, encontró una mejor explicación a los movimientos planetarios ubicando al sol y no a la Tierra en el centro del universo observable. Comprendió que el cielo no se movía, si no que era nuestro planeta quien se trasladaba alrededor del sol y rotaba sobre su eje.

Los movimientos de rotación, traslación y la mecánica del sistema solar fueron analizados por Johannes Kepler, quien a través de una gran recopilación de datos pudo dar una comprobación matemática a los postulados de Copérnico, descubriendo con esto que las órbitas de los planetas eran elípticas, no circulares y que la cercanía del sol provocaba aceleraciones en sus movimientos.

Los postulados de Copérnico y las teorías de Kepler pudieron de cierta forma ser directamente observadas por el italiano Galileo Galilei gracias al telescopio. Galileo entregó pruebas irrefutables gracias al reconocimiento de las fases del planeta

Venus, similares a las de nuestra luna, además de realizar otros importantes descubrimientos. Galileo comenzó el estudio de la gravedad al reconocer que los cuerpos mantenían una aceleración constante en caída libre. Todos estos conocimientos fueron profundizados por Isaac Newton quien logró describir la gravedad a través de ecuaciones, descubriendo que todo cuerpo que tenga masa atrae a otros, desde los objetos en la tierra a los planetas y estrellas en cualquier parte del Universo. Siglos más tarde Einstein postuló una explicación a este fenómeno imaginando al universo como algo eterno y estático, con un entramado de espacio-tiempo que se deforma ante masas de gran tamaño como los planetas y estrellas, creando curvas en el espacio que provocarían la atracción de la masa en el universo, pero no pudo explicar por qué siendo el universo eterno, las estrellas y la materia en general no estaba más junta. Sin querer aceptar la posibilidad de una expansión universal fue tarea del sacerdote jesuita y físico-matemático Georges Lemaitre llegar a esa conclusión. Para este científico el universo debía de expandirse y, por lo tanto, en un comienzo debió estar compacto y pequeño.

Incluso va más allá postulando que en consecuencia tuvo un origen, imaginando una especie de "*huevo cósmico*".

Opuesto a la teoría de la expansión y un origen para el universo, el físico inglés Fred Hoyle desarrolló la teoría del *estado sólido*. Básicamente postuló que el universo es eterno y ha existido siempre y, en particular, los elementos más livianos como hidrógeno y helio son sus componentes básicos, siendo las estrellas las encargadas de producir el resto de los elementos químicos mediante el proceso conocido como nucleosíntesis (reacciones nucleares). Su teoría fue presentada extensamente través de la radio BBC (*British Broadcasting*, radiodifusión británica) en donde para una mejor comprensión expresó el concepto *big bang* para referirse a la teoría del origen, que él no apoyaba, y que es utilizado hasta hoy.

Para defender la teoría del origen del universo a través de una súper partícula increíblemente densa y caliente, un huevo cósmico que dio origen a todo a través de una explosión, Gueorgui Gamov postuló que aun debería quedar calor residual de esa explosión.

En 1960, el astrónomo estadounidense Edwin Hubble, a través de un potente telescopio, descubrió que algunas estrellas y nebulosas observables eran en realidad otras galaxias, lo que significó un impactante descubrimiento al comprobar que el tamaño del universo es increíblemente grande, además pudo observar que las galaxias se alejaban unas de otras, lo que coincidía con la teoría del Big Bang y la expansión del universo.

La prueba definitiva para la teoría del big bang llegó sin buscarla. En 1964, los físicos Arno Penzias y Robert Wilson trabajaban en un nuevo tipo de antena con la que detectaron una fuente de interferencia que no pudieron explicar. Recordando la teoría de Gamov concluyeron que debía ser la radiación cósmica producida por el *big bang*. Ambos recibieron el premio Nobel de física en 1978 por este descubrimiento. Finalmente, esta radiación fue fotografiada por el satélite COBE que demostró, además, la uniformidad de la temperatura en el universo.

Un gran número de sondas, satélites, telescopios y radiotelescopios han permitido que en nuestros días tengamos, como humanidad, un importante conocimiento del universo. Una aplicación como SkyView para teléfono móvil, permite apuntar hacia cualquier dirección y recibir información detallada sobre los cuerpos celestes.

Imaginemos unos 20 televisores encendidos repartidos en el cielo, cada uno transmitiendo diferentes programas, algunos las noticias actuales, otros series grabadas hace 20, 30 o 40 años, películas de los 80, de los 90 y en alguno un clásico de los 60. Solo con mirar hacia arriba podríamos ver imágenes correspondientes a distintas épocas. Las distancias en el espacio son tan grandes que incluso la luz, con su sorprendente velocidad de 299.792 kilómetros por segundo, tarda minutos, horas e incluso años en llegar hasta nosotros. La luz de la luna tarda 1,3 segundos en llegar a la tierra, mientras que la del sol demora 8 minutos con 13 segundos. La luz de la estrella más cercana a nuestro sol, Alfa Centauri, demora 4,37 años en llegar a la tierra, mientras que la más lejana visible, Rho Cassiopeiae está a 11.648 años luz. Cuando miramos al cielo podemos ver aproximadamente 2500 estrellas en un cielo limpio de contaminación atmosférica y lumínica, cada una muestra su imagen emitida hace 10, 20, 500 o 1000 años, por lo que en realidad vemos el pasado de cada una en tiempos diferentes.

Las estrellas se agrupan en constelaciones, dibujos imaginados uniendo las estrellas, aunque no se encuentren cercanas realmente. Varias culturas hicieron este ejercicio, sin embargo, las que se conocen en occidente y por tanto en Chile tuvieron su origen en Mesopotamia. Las doce constelaciones que dan origen a los signos zodiacales provienen de Babilonia cerca del siglo VI A.C. y fueron adoptadas posteriormente por los griegos. Actualmente la Unión Astronómica Internacional (UAI) reconoce 88 constelaciones diferentes. Cada estrella que la compone recibe como primer nombre una letra del alfabeto griego y un "apellido" dado por la figura que supuestamente refleja, nombres tomados de la antigüedad. Como dato accesorio puedo indicar que las 24 letras griegas fueron adoptadas del alfabeto fenicio que a diferencia del primero que se conoce, el sumerio, era fonético y no ideográfico, es decir, cada símbolo refleja un sonido posible del habla y no una idea. El concepto *alfabeto* proviene de las dos primeras letras griegas *alfa* y *beta*, así como nosotros usamos el término *abecedario*, para nuestra particular variante de letras, que se origina en las 3 o 4 primeras letras *a*, *be*, *ce* y *de*.

Existen dos significados para estrella en el tema que estamos tratando. Popularmente estrella es cualquier cuerpo celeste que brille en la noche con excepción de la luna, mientras que para la astronomía una estrella es aquel cuerpo celeste que emite su propia luz debido a las reacciones nucleares con que generan la energía, como lo hace nuestro sol. Para diferenciar en la noche un planeta de una estrella basta con agudizar nuestra percepción visual e identificar cuales titilan o centellean, que son las estrellas, y cuales presentan un nivel de luz constante, lo que identificaría a un planeta.

En el cielo nocturno de Santiago las estrellas más fáciles de ubicar son las *"tres marías"* que corresponden al *"cinturón"* de Orión. Esta constelación debe ser la más observada en nuestro país ya que durante el verano es visible durante toda la noche. Toma su nombre del personaje de la mitología griega conocido como *el cazador*, e incluye varias de las estrellas más brillantes del cielo nocturno. *Alpha Orionis* también conocida como Betelgeuse es una estrella (sol) supergigante roja, con un diámetro 887 veces más grande que nuestro sol, corresponde al hombro derecho del cazador. *Beta Orionis* también conocida como *Rigel*, es en realidad un conjunto de 3 estrellas, siendo la merecedora del nombre en particular, la mayor de ellas, una supergigante blanco-azulada con un tamaño de 73 veces el radio de nuestro sol, pero 50.000 veces más luminosa, corresponde al pie izquierdo del cazador. *Gamma Orionis* también conocida como *Bellatrix*, corresponde al hombro izquierdo de Orión, su diámetro equivale a 5,7 veces el de nuestro sol.

Las *tres marías* o el cinturón del cazador lo componen las estrellas Alnilam (Épsilon Orionis) del árabe *an-nizam* que denomina un collar de perlas, ubicada al centro; Alnitak (Zeta Orionis) del árabe *an-nitaq*: "la faja", a la derecha y Mintaka (Delta Orionis), del árabe *mantakah*: "cinturón" a la derecha. La denominación *tres Marías* proviene de la tradición cristiana, con varias versiones, de las mujeres con nombre *María* que acompañaron a Jesús en la cruz y/o que fueron a preparar el cuerpo el domingo, sin encontrarlo. El nombre proviene del arameo *Mariam* que luego pasó al griego y al latín como *María*. Correspondería a María de Cleofás, María madre de Santiago (Ya´akov o Jacob) y José (Yoseph) y María Salomé, discípula de Jesús que solo es nombrada en estos hechos, sin embargo, en los evangelios que fueron descartados por la iglesia denominados apócrifos la mencionan con mayor frecuencia.

Rodean a Orión las constelaciones *Tauro* sobre su cabeza, *Eridano* frente al pie izquierdo, *Liebre* por debajo, *Can Mayor* en la espalda y *Géminis* tras su brazo derecho. Mientras que, en el centro bajo el cinturón se encuentra la nebulosa más brillante visible desde nuestro planeta.

En la época de los sumerios, quienes aparecieron hace unos 5000 años formando la primera gran civilización de la historia, la estrella más brillante fue nombrada como la diosa de la belleza, la vida y el amor llamada *Ishtar* o *Istar*, de la misma forma los griegos la llamaron con su equivalente *Afrodita* y los romanos *Venus*, que es el nombre con que conocemos a este planeta. De *Ishtar* probablemente deriva la palabra inglesa *star*: "estrella", en euskera es *izar, ster* en holandés y *stern* en alemán.

Los planetas son fácilmente identificables por su luminosidad, tamaño o incluso color. Marte es reconocible por su color rojo, mientras que Saturno y Júpiter destacan por su tamaño, aunque Mercurio de menor tamaño también es visible a simple vista. Con un telescopio sencillo es posible reconocer los anillos característicos de Saturno y algo de los colores de Júpiter. Los anillos no son solo característicos de Saturno, también los tiene Júpiter, Urano y Neptuno, pero más tenues, con poca masa y en un ángulo que no destaca como para ser observados a simple vista. Los anillos son muy delgados en comparación al tamaño del planeta y en realidad a cualquier escala, los de Saturno solo tienen 10 metros de grosor en algunas secciones y algunos cientos de metros en otras partes visibles. Solo pueden ser observados gracias al particular ángulo de inclinación del planeta cercano a los 27º, ya que si estuvieran alineados hacia la tierra sería imposible verlos.

Sin extenderme más, otro grupo de estrellas que llama mi atención en las noches son las Pléyades, *"las siete hermanas"*, *"las siete de la suerte"*, etc. Este cúmulo, nombre que reciben las agrupaciones de estrellas, es uno de los más cercanos a la tierra y de los más visible, sobre todo en zonas con poca contaminación lumínica. Recibe su nombre de las siete hijas del titán Atlas y la ninfa Pléyone en la mitología griega.

Ahora a dormir…

ACERCA DEL AUTOR

Julio Duarte Garcés (1981), de profesión psicopedagogo, cursó estudios de Ingeniería y Psicología en la Universidad de Chile antes de dedicarse a la educación. Trabajó como docente en el Instituto Profesional Los Leones y como asistente de la educación en una escuela básica municipal por 10 años, siendo parte del equipo de gestión hasta el 2020. Actualmente está dedicado a la crianza de su hija Catalina.

www.ingramcontent.com/pod-product-compliance
Lightning Source LLC
Chambersburg PA
CBHW071213240726
48654CB00009B/758